Tratado sobre los sacrificios
JOSEPH DE MAISTRE

Tratado sobre los sacrificios

Joseph de Maistre

Traducción de María Tabuyo y Agustín López

sextopiso

TÍTULO ORIGINAL
Éclaircissement sur les sacrifices

Primera edición en español: 2009

Traducción
MARÍA TABUYO Y AGUSTÍN LÓPEZ

Copyright © EDITORIAL SEXTO PISO, S.A. DE C.V., 2009
San Miguel # 36
Colonia Barrio San Lucas
Coyoacán, 04030
México D.F., México

SEXTO PISO ESPAÑA, S. L.
c/ Monte Esquinza 13, 4.º Dcha.
28010, Madrid, España.

www.sextopiso.com

Diseño
ESTUDIO JOAQUÍN GALLEGO

ISBN: 13: 978-84-96867-49-9
Depósito Legal: M-27110-2009

Impreso en España

ÍNDICE

I. DE LOS SACRIFICIOS EN GENERAL

Yo no adopto el axioma impío:

El miedo de los hombres imaginó los dioses.[1]

Me complazco, por el contrario, en señalar que los hombres, al dar a Dios los nombres que expresan grandeza, poder y bondad, al llamarle *Señor, Maestro, Padre*, etc., muestran claramente que la idea de la divinidad no podía ser hija del temor. Se puede observar también que la música, la poesía, la danza, en una palabra, todas las artes agradables, se incluían entre las ceremonias del culto; y que la idea de alegría se mezcló siempre tan íntimamente con la de *fiesta*, que esta última se convirtió en todas partes en sinónimo de la primera.

Lejos de mí, por otra parte, creer que la idea de Dios haya podido tener un comienzo para el género humano, es decir, que pueda ser menos antigua que el hombre.

Sin embargo, debemos confesar, después de haber afirmado la ortodoxia, que la historia nos muestra al hombre persuadido en todo tiempo de esta espantosa verdad: *que vive bajo la mano de una potencia irritada, y que esta potencia no puede ser aplacada sino por medio de sacrificios.*

---

[1] *Primus in orbe deos fecit timor.* Este pasaje, cuyo autor verdadero se ignora, se encuentra entre los fragmentos de Petronio. Ahí está, en efecto.

No es fácil, a primera vista, combinar ideas en apariencia tan contradictorias; pero si se reflexiona atentamente sobre ello, se comprende muy bien cómo concuerdan, y por qué el sentimiento de terror ha subsistido siempre junto al de alegría, sin que ninguno de los dos haya podido nunca aniquilar al otro.

«Los dioses son buenos, y de ellos recibimos todos los bienes de los que gozamos: les debemos alabanza y acción de gracias. Pero los dioses son justos y nosotros culpables: hay que aplacarlos, tenemos que expiar nuestros crímenes; y para lograrlo, el medio más poderoso es el *sacrificio*».[2]

Tal fue la creencia antigua, y tal es todavía, bajo diferentes formas, la creencia universal. Los hombres primitivos, de los que el género humano en su conjunto ha recibido sus opiniones fundamentales, se creyeron culpables: todas las instituciones generales se basaron en ese dogma, de manera que los hombres de todos los siglos no han dejado de reconocer la degradación primitiva y universal, y de decir como nosotros, aunque de manera menos explícita: *nuestras madres nos concibieron en pecado*; pues no existe dogma cristiano que no hunda su raíz en la naturaleza interior del hombre y en una tradición tan antigua como el género humano.

---

[2] No era sólo para aplacar a los genios malignos, ni solamente con ocasión de grandes calamidades cuando se ofrecía el sacrificio: estuvo siempre en la base de toda forma de culto, sin distinción de lugar, tiempo, opiniones o circunstancias.

Pero la raíz de esta degradación, o la *reidad* del hombre, si se nos permite inventar esta palabra, residía en el *principio sensible, en la vida, en el alma*, en definitiva, tan cuidadosamente diferenciada por los antiguos del *espíritu* o de la inteligencia.

El animal no recibió más que un *alma*; a nosotros se nos dio el *alma* y el *espíritu*.[3]

La Antigüedad no creía que pudiera haber algún tipo de relación o contacto entre *el espíritu y el cuerpo*;[4] de manera que el *alma*, o el principio sensible, era para ellos una especie de *media proporcional* o de potencia intermedia en la que reposaba el *espíritu*, como ella misma descansaba en el cuerpo.

Al representarse el *alma* con la imagen de un ojo, siguiendo la ingeniosa comparación de Lucrecio, el *espíritu* era la pupila.[5] En otro pasaje, Lucrecio lo llama *el alma del alma*;[6] y Platón, siguiendo a Homero, lo

---

[3] *Immisitique* (Deus) *in hominem* spiritum *et* animam. (Josefo, *Antiq. jud.*, lib. I, cap. 1, § 2).
Principio indulsit communis conditor illis
Tantum animam; nobis, animum quoque...

Juven., *Sat. XV*, 148, 49.

[4] *Mentem autem reperiebat Deus ulli rei adjunctam esse sine animo nefas esse: quocirca intelligentiam in animo;* animam *conclusit in corpore.* (Tim. inter frag. Cicer., Plat.; en Tim., *Opp.*, vol. IX, pág. 312, A. B., 386, II).

[5] *Ut lacerato oculo circum, su pupula mansit*
Incolumis, etc.

(Lucr. de N. R. III, 409, ss.)

[6] *Atque anima est animae proporro totius ipsa.*
Ibid.

denomina *el corazón del alma*,[7] expresión que Filón repetirá después.[8]

Cuando [Júpiter], en Homero, se decide a hacer un héroe victorioso, el dios ha sopesado el asunto *en su espíritu*;[9] él es *uno*: no puede haber conflicto en él.

Cuando un hombre conoce su deber y lo cumple sin vacilar, en una ocasión difícil, ha visto el asunto como un dios, *en su espíritu*.[10]

Pero si, agitado por mucho tiempo entre su deber y su pasión, ese mismo hombre está a punto de cometer una violencia inexcusable, es que ha deliberado *en su alma y en su espíritu*.[11]

A veces, el *espíritu* reprende al *alma*, y quiere que se avergüence por su debilidad: «¡Valor —le dice— alma mía! Has soportado desgracias mayores».[12]

Y otro poeta hizo de ese conflicto el tema de una conversación, de forma mucho más amable. «No puedo

[7] En Theaet., *Opp.*, vol. II, pág. 261. C.

N. B. Algunas veces, los latinos abusan de la palabra *animus*, pero siempre de manera que no deja ninguna duda al lector. Cicerón, por ejemplo, la emplea como sinónimo de *anima* y la opone a *mens*. Y Virgilio dijo en el mismo sentido: *Mentem animumque. En.* VI, II, etc. Juvenal, por el contrario, la opone, como sinónimo de *mens*, a la palabra *anima*, etc.

[8] Filón, *De Opif. mundi*, citado por Juste-Lipse. *Phys. stoic.* III, disert. XVI.

[9] Ἀλλ' ὅγε μερμήριζε κατά φρενα.
(*Ilíada* II, 3).

[10] Αὐτὰρ ὅ ἔγνω ἥσιν ἐνί φρηρι.
(*Ilíada* I, 333).

[11] Ἔως ὅ ταῦθ ὅρμαινε κατὰ φρένα καὶ κατὰ θυμόν
(*Ibid.* I, 193).

[12] Τέτλαθι δή κραδίν, καί κύντερον ἄλλο ὧότἔτλης.
(*Odisea* XX, 18).

—dice— ¡oh alma mía! concederte cuanto deseas: piensa que no eres la única en desear lo que amas.»[13]

«¿Qué se quiere decir —pregunta Platón— cuando se afirma que un hombre se ha vencido a sí mismo, que se ha mostrado más fuerte que sí mismo, etc.? Se afirma, evidentemente, que él es, a la vez, más fuerte y más débil que sí mismo; pues si bien es *él* quien es más débil, es también *él* quien es más fuerte; puesto que del mismo sujeto se afirma lo uno y lo otro. La voluntad, que se supone *una*, no puede estar tampoco en contradicción consigo misma, como un cuerpo no puede estar animado al mismo tiempo por dos movimientos actuales y opuestos»;[14] pues ningún sujeto puede reunir dos contrarios de forma simultánea.[15] «Si el hombre fuese uno —dice de manera excelente Hipócrates—, nunca estaría enfermo»;[16] y la razón de ello es simple: «Pues —añade— no se puede concebir una causa de enfermedad en lo que es uno».[17]

Platón ha citado este verso en el *Fedón* (*Opp.*, vol. I, pág. 215, D). y ve ahí *una potencia que habla a otra* — Ὤυ ἄλη ἕτα ἄλλω πράγματι διαλεγουμένη.
(*Ibid.* 261, B).

[13] Ού δύναμαι τοί, Θυμε, παρατχείν ἄσμεγα πάντα, Τέτλαθι, Τῶν δέ χαλῶν οὔτι τύ μἔνος εϱας. (Theog. inter vers. gnom. ex edit. Brunckii, V.72, 73).

[14] Platón, *De Rep.*, *Opp.*, vol. V, pág. 549. E. A.; y pág. 360, C.

[15] Ουδὲ (τῶν ὄντων) ούδέν ἄμα τά εναντία ἐπιδέχεται.
(Arist. catheg. de quantitate. *Opp.*, vol. I).

[16] Ἐγώ δέ φεμὶ εί ἔνην ό ανθρωπος ποτ' ἄν ἤλγεεν.
(Hypp. *De nat. hum.* Rom 19 cit. edit., cap. 2, pág. 265).

[17] Ούὠὲ γὰρ ἄν ἤν ὑπό τε ἀλγετέιευ 'ΕΝ ΕΟΝ.
Esta luminosa máxima no tiene menos valor en el mundo moral.

Cicerón, al escribir que, «cuando se nos ordena dominarnos a nosotros mismos, se quiere decir que la razón debe controlar a la pasión»,[18] o entendía que la pasión es una *persona*, o no se entendía a sí mismo.

Pascal pensaba, sin duda, en las ideas de Platón, cuando decía: «Esta duplicidad del hombre es tan visible que hay quienes pensaron que tenemos dos almas, pareciéndoles que un sujeto simple es incapaz de tales y tan súbitas variaciones».[19]

Pero con todos los respetos debidos a tal escritor, se puede sin embargo convenir en que no parece haber visto el asunto en toda su profundidad; pues no se trata solamente de saber *cómo un sujeto simple es capaz de tales y tan súbitas variaciones*, sino de explicar cómo un sujeto simple puede reunir dos oposiciones simultáneas; cómo puede querer a la vez el bien y el mal, amar y odiar el mismo objeto; querer y no querer, etc.; cómo un cuerpo puede moverse al mismo tiempo hacia dos puntos opuestos; en una palabra, y en definitiva, cómo un sujeto simple puede no ser simple.

La idea de dos potencias distintas es muy *antigua*, incluso en la Iglesia. «Quienes la han adoptado —decía

---

[18] *Quum igitur praecipitur ut nobismetipsis imperemus, hoc praecipitur, ut ratio coerceat temeritatem. (Tusc. quaest.* II, 21). En todo lugar donde hay que resistir, hay *acción*; en todo lugar donde hay acción, hay *substancia*; y nunca se comprenderá cómo una tenaza puede agarrarse a sí misma.

[19] *Pensamientos*, III, 13. Se puede ver en el pasaje de Platón que acabamos de citar la singular historia de un tal Leoncio, *que quería absolutamente ver cadáveres que en absoluto quería ver*; lo que sucedió en esta ocasión entre su *alma* y él, y los insultos que creyó que debía dirigir a sus ojos. (*Loc. cit.*, pág. 360, A).

Orígenes— no piensan que estas palabras del apóstol, "La carne tiene deseos contrarios a los del espíritu" (Gál. 5, 17), deban entenderse *de la carne* propiamente dicha, sino de *esta alma*, que es realmente *el alma de la carne*: pues, dicen, tenemos dos almas, una buena y celestial, otra inferior y terrenal; es de ésta de la que se ha dicho *que sus obras son evidentes* (*Ibid.*, 19), y creemos que esta alma de la carne reside en la sangre».[20]

Por lo demás, Orígenes, que era a la vez el más audaz y el más modesto de los hombres en sus opiniones, no se obstina en esta cuestión. «El lector —dice— pensará de ello lo que quiera». Vemos, no obstante, con bastante claridad que no sabía explicar de otra manera esos dos movimientos diametralmente opuestos en un sujeto simple.

¿Qué es, en efecto, esa potencia que se opone al *hombre*, o, por decirlo mejor, a su conciencia? ¿Qué es ese poder que no es *él, o todo él*? ¿Es material, como la piedra o la madera? En tal caso, no piensa ni siente, y, por consiguiente, no puede tener la facultad de perturbar al espíritu en sus operaciones. Escucho con respeto y terror todas las amenazas dirigidas *a la carne*; pero pregunto qué es.

Descartes, que no dudaba de nada, no se siente incómodo ante esta duplicidad del hombre. Según él, no existe en nosotros parte superior y parte inferior, potencia razonable y potencia sensitiva, como se cree vulgarmente. El alma del hombre es una, y la misma substancia es a la vez *razonable y sensitiva*. Lo que engaña a este

---

[20] Oríg., *De princ. III.* 4, *Opp.*, ed. Ruaei, París, 1733, in-fol., vol. I, pág. 145 ss.

respecto —dice— «es que las voliciones producidas por el alma y por las energías vitales enviadas por el cuerpo excitan movimientos contrarios en la glándula pineal».[21]

Antoine Arnaud es mucho menos divertido: nos propone como un misterio inconcebible y sin embargo indiscutible que «este cuerpo, que, no siendo más que una materia, no es un sujeto capaz de pecado, puede sin embargo comunicar al alma lo que no tiene y no puede tener; y, de la unión de esas dos cosas exentas de pecado, resulta un todo que es capaz de pecar, y que es *precisamente* el objeto de la cólera de Dios».[22]

Parece que este hombre duro y sectario apenas había filosofado sobre la idea del *cuerpo*, puesto que se complica voluntariamente de este modo, y, proponiéndonos una tontería como si fuese un misterio, se expone a que la falta de atención o la malevolencia tome un misterio por una tontería.

Un fisiólogo moderno se cree con el derecho de declarar expresamente que el principio vital es un *ser*. «Se lo llame —dice— *potencia o facultad*, causa inmediata de todos nuestros movimientos y de todos nuestros sentimientos, ese principio es UNO: es absolutamente independiente del alma pensante, e incluso del cuerpo, según

---

[21] *Cartesii opp.*, Amst., Blaen, 1785, in-4.º; *De passionibus*, art. XLVII, pág. 22. No digo nada de esta explicación: los hombres como Descartes merecen tanto respeto como poco se debe a los funestos usurpadores de su fama. Ruego tan sólo que se preste atención al fondo del pensamiento, que se reduce sencillamente a esto: *Lo que hace creer comúnmente que hay una contradicción en el hombre es que hay una contradicción en el hombre.*

[22] *Perpétuité de la foi*, in-4.º, vol. III, lib. XI, cap. VI.

todas las apariencias:[23] no es admisible ninguna causa o ley mecánica para explicar los fenómenos del cuerpo vivo».[24]

En el fondo, parece que la Sagrada Escritura está en este punto completamente de acuerdo con la filosofía antigua y moderna, puesto que nos enseña «que el hombre es doble en sus vías,[25] y que la palabra de Dios es una espada viva que penetra hasta la división del alma y el espíritu, y distingue el pensamiento del sentimiento».[26]

Y san Agustín, confesando a Dios el dominio que aún tenían sobre su alma fantasmas antiguos que los sueños hacían renacer, exclama con la más amable ingenuidad: «¡Entonces, Señor! ¿yo soy YO?»[27]

No, sin duda, no era ÉL, y nadie lo sabía mejor que ÉL, que nos dice en ese mismo lugar: «Tanta diferencia hay entre MÍ MISMO y MÍ MISMO»;[28] él, que con tanto acierto distinguió las dos potencias del hombre cuando exclamaba luego, dirigiéndose a Dios: «¡Oh tú! ¡Pan místico de mi alma, esposo de mi inteligencia! ¡Yo podía no amarte!».[29]

---

[23] Parece que estas palabras, «según todas las apariencias», son también, como he dicho en otra parte, una pura concesión al siglo: pues, ¿cómo es posible que lo que es UNO, y que se puede denominar *principio*, no se distinga de la materia?

[24] P. J. Barthez, *Nouveaux élémens de la science de l'homme*, 2 vols. in-8.º, París, 1806.

[25] *Homo duplex in viis suis* (Sant. I, 8).

[26] *Pertigens usque ad divisionem animae ac spiritus* (No dice *del espíritu y el cuerpo*), *et discretor cogitationum et intentionum cordis* (Heb. 4, 2).

[27] Numquid tunc non EGO sum, domine Deus meus? (S. Agustín, *Confes.* X, XXX, 1).

[28] Tantum interest inter ME IPSUM et ME IPSUM. (*Ibid.*)

[29] Deus... *panis oris intus* animae *meoe, et virtus maritans* mentem *meam*... ¡non te amabam! (*Ibid.* I, 13, 2).

Milton puso hermosos versos en la boca de Satanás, que enrojece por su espantosa degradación.[30] También el hombre podría pronunciarlos con proporción e inteligencia.

¿De dónde nos ha llegado la idea de representar a los ángeles alrededor de los objetos de nuestro culto mediante grupos de cabezas aladas?[31]

No ignoro que la doctrina de las *dos almas* fue condenada en tiempos antiguos; pero no sé si lo fue por un tribunal competente: por otra parte, basta ponerse de acuerdo. Que el hombre sea un ser resultante de la unión de dos *almas*, es decir, de dos principios inteligentes de la misma naturaleza, de los que uno es bueno y otro malo, es, creo, la opinión que se habría condenado, y que yo condenaría también de todo corazón. Pero que la inteligencia sea lo mismo que el principio sensible, o que ese principio, que se llama también el *principio vital*, y que es la *vida*, pueda ser algo material, absolutamente desprovisto de conocimiento y conciencia, es algo que no creeré jamás, a menos que el único poder que tiene autoridad legítima sobre la creencia humana me advierta de que me equivoco. En ese caso, no vacilaría un solo

---

[30] *Oh foul descent! Taht I who erst contend'd*
  With Gods tho sit the high'st, am now constrain'd
  Into a beast and mix'd with bestial slime
  This essence to incarnate and imbrute
  That to the hight of deity aspir'd

  (P. L. IX. 163, 599).

[31] Por desgracia, muchas personas saben en qué lugar de sus obras Voltaire denominó a esas figuras *santos mofletudos*. No hay, en los jardines de la inteligencia, una sola flor que esta oruga no haya mancillado.

instante, y, desde ese momento, donde yo sólo tenía la *certeza* de tener razón, tendré entonces la *fe* de haberme equivocado. Si yo profesara otros sentimientos, contradiría frontalmente los principios que han dictado la obra que publico, y que no son menos sagrados para mí.

Sea cual fuere el partido que se tome sobre la duplicidad del hombre, es sobre la *potencia animal*, sobre la *vida*, sobre el *alma* (pues todas esas palabras significan lo mismo en el lenguaje antiguo), sobre lo que cae la maldición reconocida por todo el universo.

Los egipcios, a los que la Antigüedad sabia proclamó *los únicos depositarios de los secretos divinos*,[32] estaban muy convencidos de esta verdad, y todos los días renovaban su profesión pública; pues cuando embalsamaban los cuerpos, después de lavar en vino de palmera los intestinos, las partes blandas, en una palabra, todos los órganos de las funciones animales, los ponían en una especie de cofre que elevaban hacia el cielo, y uno de los oficiantes pronunciaba esta plegaria en nombre del difunto:

«Sol, soberano señor que me has dado la vida, dígnate recibirme junto a ti. He practicado fielmente el culto de mis padres; he honrado siempre a aquéllos de los que he recibido este cuerpo; nunca he negado un depósito; nunca he matado. *Si he cometido otras faltas, no he actuado por mí mismo, sino por estas cosas*».[33] Y a continuación se arrojaban *estas cosas* al río, *como la causa de todas las*

---

[32] *Aegyptios solos divinarum rerum conscios* (Macrob., *Sat.* I, 12). Se puede decir que este escritor habla aquí en nombre de toda la Antigüedad.

[33] Ἀλλὰ δία ταῦτα. Porfirio (*De abstin. et usu anim.* IV, 10).

faltas que el hombre hubiera cometido,[34] después de lo cual, procedían al embalsamamiento.

Ahora bien, es seguro que, en esta ceremonia, los egipcios pueden ser considerados como verdaderos precursores de la revelación que ha dicho anatema *a la carne*, que la ha declarado enemiga de la inteligencia, es decir, de Dios, y ha afirmado expresamente que «todos aquéllos que han nacido de la sangre o de la voluntad de la carne nunca se convertirán en hijos de Dios».[35]

Como el hombre era culpable, pues, por su *principio sensible*, por *su carne*, por *su vida*, el anatema caía sobre la sangre; pues la sangre era el principio de la vida, o, más bien, la sangre era la vida.[36] Y es cosa muy singular

---

[34] Ὡς αἰτίαν ἁπάντων ὦν ὁ ἄνθρωπος ἡμαρτεν. Διὰ ταῦτα. (Plut., *De usu carn.*, Orat. II) citados por P. H. Larcher en su preciosa traducción de Herodoto, lib. II, § 85. Por lo demás, no sé por qué este gran helenista ha traducido διὰ ταῦτα por «para esas cosas», en lugar de «por esas cosas».

Existe una relación singular entre esta oración de los sacerdotes egipcios y la que pronuncia la Iglesia junto a los que agonizan. «Aunque haya pecado, sin embargo siempre ha creído; ha llevado en su seno el celo de Dios; no ha dejado de adorar al Dios que lo ha creado todo, etc.»

Licet enim peccaverit, tamen… credidit, et zelum Dei in se habuit, et eum qui fecit omnia fideliter adoravit, etc.

[35] Jn. 1, 12.13. Cuando David decía: *Spiritum rectum innova in visceribus meis*, no era ésta una expresión vaga o una manera de hablar: enunciaba un dogma preciso y fundamental.

[36] No comeréis sangre de animales, *que es su vida* (Gén. 9, 4, 5). La vida de la carne está en la sangre; *por eso* os la he dado, para que sea derramada sobre el altar para expiación de vuestros pecados; pues por la sangre el ALMA se purificará (Lev. 13, 11). Guardaos de comer su sangre [de los animales], *pues su sangre es su vida*; así pues, no debéis comer con su carne *lo que es su vida*; sino que derramaréis su sangre sobre la tierra, como el agua (Deut. 12, 23, 24, etc.).

que esas viejas tradiciones orientales, a las que no se prestaba ya atención, hayan sido resucitadas en nuestros días y sean apoyadas por los más ilustres fisiólogos.

El caballero Rosa había dicho, hace mucho tiempo, en Italia, que «el principio vital reside en la sangre».[37] Hizo a este respecto experimentos muy hermosos, y dijo cosas curiosas sobre los conocimientos de los antiguos; pero puedo citar a una autoridad más conocida,[38] la del célebre Hunter, el más eminente anatomista del siglo pasado, que resucitó y justificó el dogma oriental de la vitalidad de la sangre.

«Unimos, dice, la idea de la vida a la de la organización, de manera que nos resulta difícil forzar nuestra imaginación para que conciba un fluido viviente; *pero la organización no tiene nada en común con la vida*.[39] Es simplemente un instrumento, una máquina que no produce nada, ni siquiera en mecánica, sin algo que responda a un principio vital, a saber, *una fuerza*.

»Si se reflexiona atentamente sobre la naturaleza de la sangre, se acepta fácilmente la hipótesis que la supone viva. No se concibe siquiera que sea posible hacer de ella otra cosa, cuando se considera que no hay una parte del animal que no esté formada de sangre, que venimos de ella

---

[37] Se encontrará un buen análisis de ese sistema en las obras del conde *Gian-Rinaldo, Carli-Rubi*, Milán, 1790, 30 vols., in-8.º, vol. IX.

[38] No digo *más decisiva*, pues las obras no están ya ante mis ojos y nunca las he podido comparar. Por otra parte, aunque Rosa hubiera dicho todo, ¿qué importa?, el honor de la prioridad en cuanto al sistema de la vitalidad de la sangre no le sería concedido. Su patria no tiene ni flotas ni ejércitos ni colonias: desgracia para ella, y desgracia para él.

[39] Verdad de primer orden y de la mayor evidencia.

(*we grow out of it*), y que, si no tiene vida anteriormente a esta operación, es necesario al menos que la adquiera en el acto de la formación, puesto que no podemos dejar de creer en la existencia de la vida en los miembros o las diferentes partes desde el momento en que están formadas».[40]

Parece que esta opinión del célebre Hunter ha hecho fortuna en Inglaterra. Esto es lo que se lee en *Investigaciones asiáticas*:

«Es una opinión al menos tan antigua como Plinio, que la sangre es un fluido vivo; pero le estaba reservado al célebre fisiólogo Jean Hunter colocar esta opinión en el rango de esas verdades que ya no es posible discutir.»[41]

Una vez planteada la vitalidad de la sangre, o, más bien, la identidad de la sangre y la vida, como un hecho del que la Antigüedad no dudaba en absoluto y que ha sido renovado en nuestros días, era también una opinión tan antigua como el mundo *que el cielo, irritado contra la carne y la sangre, no podía ser aplacado más que por la sangre*; y ningún pueblo ha dudado de que hubiera en

[40] Véase *John. Hunter's a Treatise on the blood, inflammation and Gun-shot wounds*, Londres, 1794, in-4.º.

[41] Véase la memoria de William Boag «Sur le venin des serpens», en *Recherches asiatiques*, vol. VI, in-4.º, pág. 108.
Se ha visto que Plinio era muy joven comparado con la opinión de la vitalidad de la sangre; he aquí, por lo demás, lo que dice sobre este tema: *Duoe grandes venae... per alias minores omnibus membris vitalitatem rigant... magna est in eo vitalitatis portio.*
(C. Plinii Sec. Hist. Nat. curis Harduini, París, 1685; in-4.º, vol. II, lib. XII, caps. 69, 70, págs. 564, 565, 583).
Hinc sedem animae sanguinem esse veterum plerique dixerunt (Not. Hard., *ibid.*, pág. 583).

la efusión de la sangre una virtud expiatoria. Ahora bien, ni la razón ni la locura han podido inventar esta idea, y todavía menos hacer que se adoptara de forma general. Tiene su raíz en la profundidad más honda de la naturaleza humana; y la historia, en este punto, no presenta una sola disonancia en todo el mundo.[42] La teoría entera se basaba en el dogma de la reversibilidad. Se creía (como se ha creído y se creerá siempre) *que el inocente podía pagar por el culpable*, de donde se concluía que, al ser culpable la vida, *una vida menos valiosa se podía ofrecer por otra y ser aceptada*. Se ofrecía, pues, la sangre de los animales; y a esta *alma*, ofrecida por un *alma*, la llamaron los antiguos *antipsychon* αντιψυχον, *vicariam animam*; como si dijéramos *alma por alma* o *alma sustituta*.[43]

El docto Goguet ha explicado muy bien, por este dogma de la sustitución, esas prostituciones legales muy conocidas en la Antigüedad, y tan ridículamente rechazadas por Voltaire. Los antiguos, convencidos de que una divinidad

---

[42] Era una opinión uniforme, y que había prevalecido en todas partes, que la remisión no se podía obtener más que por la sangre, y que alguien debía morir para la felicidad de otro (*Bryant's Mythology explaned*, vol. II, in-4.º, pág. 455).
Los talmudistas concuerdan, además, en que los pecados sólo pueden ser borrados por la sangre (*Huet. Dem. Evang. prop. IX*, cap. 145). De este modo, el dogma de la salvación por la sangre se encuentra en todas partes. Desafía el tiempo y el espacio; es indestructible, y, sin embargo, no se deriva de ninguna razón antecedente ni de ningún error asignable.

[43] Lami, *Appar. ad Bibl. I, 7.*
Cor pro corde, precor, pro fibris accipe fibras,
Hanc animam vobis pro meliore damus.

(Ovidio, *Fast.* VI, 161).

enfurecida o maléfica tenía algo contra la castidad de sus mujeres, habían concebido la idea de entregarle víctimas voluntarias, esperando así *que Venus, dedicada por entero a su presa*, no perturbaría las uniones legítimas, de manera semejante a como se arroja un cordero a un animal feroz para separarle de un hombre.[44]

Hay que señalar que, en los sacrificios propiamente dichos, los animales carnívoros, o estúpidos, o extraños al hombre, como las fieras salvajes, las serpientes, los peces, las aves de presa, etc., no eran inmolados.[45] Se escogía siempre, entre los animales, a los más preciados por su utilidad, los más dulces, los más inocentes, los que mayor relación tenían con el hombre por su instinto y sus costumbres. En definitiva, al no poder inmolar al hombre para salvar al hombre, se escogía en la especie animal a las víctimas más *humanas*, si se me permite expresarme así; y siempre la víctima era quemada entera o en parte, para atestiguar que la pena natural del crimen es el fuego, y que se quemaba la *carne sustituta* en lugar de la *carne culpable*.[46]

No hay nada más conocido en la Antigüedad que los *taurobolia* y los *criobolos* ligados al culto oriental de Mitra. Ese tipo de sacrificios debían operar una purificación perfecta, borrar todos los delitos y procurar al hombre

---

[44] Véase la *Nouvelle démonstration évangélique de Leland*, Lieja, 1768, 4 vols., in-12.º, vol. I, parte I, cap. VII, pág. 352.

[45] Con algunas excepciones debidas a otros principios.

[46] Pues así como los humores viciados producen en el cuerpo *el fuego de la fiebre*, que los purifica o consume sin quemarlos, igualmente los vicios producen en las almas *la fiebre del fuego*, que los purifica o los quema sin consumirlos (Vid. *Oríg., De princip. II*, 10, *Opp.*, vol. I, pág. 102).

un verdadero renacimiento espiritual: se cavaba una fosa, en cuyo fondo se colocaba el iniciado; se extendía por encima de él una especie de suelo perforado con infinidad de pequeñas aberturas, sobre el que se inmolaba a la víctima. La sangre caía en forma de lluvia sobre el *penitente*, que la recibía en todas las partes de su cuerpo,[47] y se creía que este extraño bautismo operaba una regeneración espiritual. Gran cantidad de bajorrelieves y de inscripciones[48] recuerdan esta ceremonia y el dogma universal que había hecho concebirlo.

Nada es más sorprendente en toda la ley de Moisés que el interés constante por contradecir las ceremonias paganas, y por separar al pueblo hebreo de todos los demás

[47] Prudencio nos ha transmitido una descripción detallada de esta repugnante ceremonia:
Tum per frequentes mille rimarum vias,
Illapsus imber tabidum rorem pluit;
Dofossus intus quem sacerdos excipit,
Guttas ad omnes turpe subjectum caput
Et veste et omni putrefactus corpore.
Quin os supinat, obvias offert genas;
Supponit aures; labra, nares objicit,
Oculos et ipsos proluit liquoribus:
Nec jam palato parcit, et linguam rigat
Donec cruorem totus atrum combibat.

[48] Gruter nos ha conservado una de ellas que es muy singular, y que Van Dale ha citado a continuación del pasaje de Prudencio:
DIS MAGNIS
MATRI DEUM ET ATTIDI
SEXTUS AGESILAUS AEDISIUS...
...............TAUROBOLIO
CRIOBOLIOQUE IN AETERNUM
RENATUS ARAM SACRAVIT.
(*Ant. Van Dale, Dissert. de orac. ethnicorum.*, Amst., 1683, in-8.º, pág. 223).

mediante ritos particulares; pero en lo que atañe a los sacrificios, abandona su sistema general, se conforma al rito fundamental *de las naciones,* y no sólo se ajusta a él, sino que lo refuerza a riesgo de dar al carácter nacional una dureza de la que no tenía ninguna necesidad. No hay una sola de las ceremonias prescritas por este famoso legislador, y, sobre todo, no hay una purificación, incluso física, que no exija sangre.

La raíz de una creencia tan extraordinaria y tan general debe de ser muy profunda. Si no tuviera nada de real ni de misterioso, ¿por qué el mismo Dios la habría conservado en la ley mosaica? ¿De dónde habrían tomado los antiguos esta idea del renacimiento espiritual por la sangre? ¿Y por qué se habría escogido, *siempre y en todas partes,* para honrar a la Divinidad, para obtener sus favores, para desviar su cólera, una ceremonia que la razón no sugiere en absoluto y que el sentimiento rechaza? Es preciso recurrir necesariamente a alguna causa secreta, y esta causa era muy poderosa.

II. DE LOS SACRIFICIOS HUMANOS

Al haber sido universalmente aceptada la doctrina de la sustitución, no quedaba ya duda sobre la eficacia de los sacrificios proporcionada a la importancia de las víctimas; y esta doble creencia, justa en sus raíces, pero corrompida por esa fuerza que lo había corrompido todo, alumbró en todas partes la horrible superstición de los sacrificios humanos. En vano la razón decía al hombre que no tenía derecho sobre sus semejantes, cosa que él mismo atestiguaba todos los días al ofrecer la sangre de los animales para rescatar la del hombre: en vano la dulce humanidad y la compasión natural prestaban una fuerza nueva a los argumentos de la razón: ante aquel dogma poderoso, la razón permanecía tan impotente como el sentimiento.

Nos gustaría poder contradecir a la Historia cuando nos muestra esa costumbre abominable en todo el mundo; pero, para vergüenza de la especie humana, nada hay tan indiscutible; e incluso las ficciones de la poesía atestiguan el prejuicio universal.

> Apenas su sangre corre y enrojece la tierra,
> los dioses hacen oír el trueno sobre el altar;
> los vientos agitan el aire con gozosos
>   [estremecimientos,

y el mar les responde con sus bramidos;
la ribera gime a lo lejos blanqueada por la espuma,
la llama de la hoguera se enciende por sí misma;
brilla el cielo con relámpagos, se entreabre, y
                                              [sobre nosotros
arroja un santo horror que nos tranquiliza a todos.

¡Era necesaria la sangre de una muchacha inocente en la partida de una flota y para el éxito de una guerra! Una vez más, ¿de dónde, pues, habían sacado los hombres esta idea? ¿Y qué verdad habían corrompido para llegar a este espantoso error? Está bien demostrado, creo, que todo se debía al dogma de la sustitución, cuya verdad es incuestionable, e incluso innata en el hombre (pues, de no ser así, ¿cómo habría podido adquirirla?), pero de la que abusó de manera deplorable: pues el hombre, hablando con propiedad, no adopta el error. Solamente puede ignorar la verdad, o abusar de ella; es decir, extenderla, por una falsa inducción, a un caso que le es extraño.

Dos sofismas, parece, extraviaron a los hombres: primero, la importancia de los sujetos de los que se trataba de apartar el anatema. Se decía: «Para salvar a un ejército, a una ciudad, incluso a un gran soberano, ¿qué es un hombre?». Se consideraba también el carácter particular de dos clases de víctimas humanas ya consagradas por la ley civil política; y se decía: «¿Qué es la vida de un reo, o de un enemigo?».

Es muy probable que las primeras víctimas humanas fueran criminales condenados por las leyes; pues todas las naciones creyeron lo que creían los druidas, según nos cuenta César:[1] *que el suplicio de los culpables era muy agradable para la Divinidad*. Los antiguos creían que todo crimen capital cometido en el Estado *ligaba* o *ataba* a la nación, y que el culpable era *consagrado* o dedicado a los dioses hasta que, mediante la efusión de su sangre, se hubiera *des-ligado* o *des-atado* a él mismo y a la nación.[2]

Vemos aquí por qué la palabra *consagrado* (SACER) se tomó en la lengua latina en su sentido bueno y en su sentido malo, por qué la misma palabra en la lengua griega ΌΣΙΟΣ significa igualmente lo que es santo y lo que es profano; por qué la palabra *anatema* significaba igualmente lo que se ofrece a Dios como don y, a la vez, lo que se entrega a su venganza; por qué, en fin, se dice en griego y en latín que un hombre o una cosa han sido *des-consagrados* (expiados), para expresar que se les ha lavado de una mancha que habían contraído. Esta palabra *des-consagrar* (ἀφοσιοῦν, *expiare*) parece contraria a la analogía: el oído no instruido pediría *re-consagrar* o *re-santificar*; pero el error no es más que aparente, y la palabra es muy exacta. *Consagrado* significa en las lenguas antiguas lo que es *entregado a la Divinidad*, no importa con qué objeto, y que se encuentra así *ligado* o *atado*, de manera que el suplicio *des-consagra*, *expía*, o *des-liga* o *des-ata*, igual que la *ab-solución* religiosa.

Cuando las leyes de las XII tablas pronuncian la muerte, dicen: ¡SACER ESTO (*que sea sagrado*)!, es decir, *consagrado*

<hr>

[1] *De bello gallico*, VI, 16.
[2] Estas palabras de *ligar* o *atar* y *desligar* o *desatar* son tan naturales que se encuentran adoptadas y fijadas en nuestro lenguaje teológico.

[*devoué*]; o, por expresarlo más correctamente, *dedica-do* [*voué*]; pues el culpable no era, hablando con rigor, *con-sagrado* [*dé-voué*] mas que por la ejecución.

Y cuando la Iglesia reza *por las mujeres* dedicadas (*pro devoto feminea sexu*), es decir, *por las religiosas* que están realmente *dedicadas* en un sentido muy exacto,[3] se trata también de la misma idea. Por un lado, está el crimen, y por otro la inocencia; pero uno y otra son SAGRADOS.

En el Diálogo de Platón llamado *Eutrifón*, un hombre a punto de acudir a los tribunales con una terrible acusación, puesto que se trataba de denunciar a su padre, se excusa diciendo «que uno se mancha igualmente cometiendo un crimen o dejando vivir tranquilamente al que lo ha cometido, y que quiere llevar adelante su acusación, *para* absolver *a la vez a su propia persona y a la del culpable*».[4]

Ese pasaje expresa perfectamente el sistema antiguo, que, desde un cierto punto de vista, hace honor al buen sentido de los antiguos.

Por desgracia, al estar los hombres convencidos del principio de que *la eficacia de los sacrificios era proporcional a la importancia de las víctimas*, del culpable al enemigo no hay más que un paso: todo *enemigo* se convirtió

---

[3] Un periodista francés, bromeando sobre ese texto, *Pro devoto feminea sexu*, no se privó de decir que *la Iglesia ha concedido a las mujeres el título de sexo devoto* (*Journal de l'Empire*, 26 de febrero de 1812). No hay que enfadarse con las personas cultas para que aprendan latín, sin duda pronto lo sabrán. No obstante, habría sido conveniente que lo hubieran aprendido antes de reírse de la Iglesia romana, que lo conoce aceptablemente.

[4] Αφοτιοις τετυτόν καὶ εχεῖνον, Plat., *Eutifrón*, *Opp.*, vol. I, pág. 8.

en *culpable*; y, desgraciadamente, también todo *extranjero* se convirtió en *enemigo* cuando hubo necesidad de víctimas. Este horrible derecho público es bien conocido, y por eso HOSTIS,[5] en latín, significó inicialmente tanto *enemigo* como *extranjero*. El más elegante de los escritores latinos gustaba recordar esta sinonimia;[6] y quiero señalar también que Homero, en un pasaje de la *Ilíada*, expresa la idea de enemigo por la de *extranjero*,[7] y que su comentador nos advierte para que prestemos atención a esta expresión.

Parece que esta inducción fatal explica perfectamente la universalidad de una práctica tan detestable; que la explica muy bien, digo, *humanamente*: pues no quiero en absoluto negar (¿y cómo el sentido común, ligeramente iluminado, podría negarlo?) la acción del mal que lo había corrompido todo.

Esa acción no tendría fuerza alguna sobre el hombre si le presentara el error aislado. Pero eso ni siquiera es posible, puesto que el error no es nada. Si no existiese una idea antecedente, el hombre que se hubiera propuesto

---

[5] *Eusth. ad Loc.* La palabra latina *hostis* es la misma que *hôte (hoste)* [huésped] en francés; y una y otra se encuentran en el alemán *hast*, aunque sean ahí menos visibles. Siendo, por tanto, el *hostis* un *enemigo* o un *extranjero*, y bajo esa doble relación sujeto del sacrificio, el hombre, y a continuación, por analogía, el animal inmolado, se llamarán *hostia*. Sabemos cómo esta palabra ha sido desnaturalizada y ennoblecida en nuestras lenguas cristianas.

[6] *I, soror, atque* hostem *supplex affare superbum*, (Virg. *En.* IV, 424). Ubi Servius: —*Nonnulli juxta veteres* hostem *pro hospite dictum accipiunt* (Forcellini in *hostis*).

[7] Ἀλλότριος φὼς. *Ilíada* V. 814.

inmolar a otro, para que los dioses le fueran propicios, habría recibido la muerte como toda respuesta, o habría sido encerrado por loco: por tanto, es necesario partir siempre de una verdad para enseñar un error. Se percibirá sobre todo al meditar sobre el paganismo: cuántos destellos de verdades, pero todas alteradas y desplazadas; de manera que comparto totalmente la opinión de ese teósofo que ha dicho en nuestros días que *la idolatría era una putrefacción*. Si se mira más de cerca, se verá que entre las opiniones más descabelladas, más indecentes, más atroces, entre las prácticas más monstruosas y que más han deshonrado al género humano, no hay una que no podamos *liberar del mal* (si es que se nos ha concedido el saber pedir esta gracia), para mostrar a continuación el residuo verdadero, que es divino.

Fue, pues, partiendo de esas verdades incuestionables de la degradación del hombre y de su *reidad* original, de la necesidad de una satisfacción, de la reversibilidad de los méritos y de la sustitución de los sufrimientos expiatorios, como los hombres llegaron hasta este espantoso error de los sacrificios humanos.

¡Francia! En tus bosques habitó mucho tiempo.

«Todo galo atacado por una enfermedad grave, o sometido a los peligros de la guerra,[8] inmolaba hombres, o

---

[8] Pero el estado de guerra era el estado natural de ese país. *Ante Caesaris adventum fere quotannis* (bellum) *accidere solebat; uti, aut ipsi injurias inferrent, aut illas propulsarent (De bello gallico* VI, 15).

prometía inmolarlos, no creyendo que los dioses pudiesen ser aplacados, ni que la vida de un hombre pudiera ser rescatada de otra manera que mediante la de otro. Esos sacrificios, ejecutados por mano de los druidas, se habían convertido en instituciones públicas y legales; y cuando faltaban culpables, se llevaba al suplicio a inocentes. Algunos llenaban de hombres vivos algunas estatuas colosales de sus dioses: las cubrían con ramas flexibles, les prendían fuego y los hombres perecían así rodeados de llamas».[9] Esos sacrificios subsistieron en las Galias, como en otras partes, hasta el establecimiento del cristianismo: pues en ninguna parte cesaron sin su presencia, y nunca pervivieron con ella.

Se había llegado al punto de creer que *no se podía suplicar por una cabeza más que al precio de otra cabeza.*[10] Eso no es todo: como toda verdad se encuentra y se debe encontrar en el paganismo, pero, como decía hace un momento, *en un estado de putrefacción*, la teoría igualmente consoladora e indiscutible del *sufragio* católico se muestra en medio de las tinieblas antiguas bajo la forma de una superstición sanguinaria; y como todo sacrificio real, toda acción meritoria, toda maceración, todo sufrimiento voluntario, puede ser *cedido* verdaderamente a los muertos, el politeísmo, brutalmente extraviado por algunas reminiscencias vagas y corrompidas, derramaba sangre humana *para aplacar a los muertos.* Se degollaba a los

---

[9] *De bello gallico* VI, 16.
[10] *Praeceptum est ut pro capitibus capitibus suplicarentur; idque aliquandiu observatum ut pro familiarum sospitate pueri mactarentur Maniae deae, matri Larum* (Macrob., *Sat.* I, 7).

prisioneros alrededor de las tumbas. Si faltaban prisioneros, llegaban los gladiadores a derramar su sangre, y esta cruel extravagancia se convirtió en oficio, de manera que aquellos gladiadores tuvieron un nombre (*bustiarii*) que se podría traducir por *fogueros*, ya que estaban destinados a verter su sangre alrededor de las hogueras. Finalmente, si faltaba igualmente la sangre de esos desdichados y de los prisioneros, iban mujeres, a pesar de las XII tablas,[11] a desgarrarse las mejillas, *para ofrecer ante las hogueras al menos una imagen de los sacrificios y satisfacer a los dioses infernales, como decía Varrón, mostrándoles la sangre.*[12]

¿Es necesaro citar a los tirios, los fenicios, los cartagineses, los cananeos? ¿Hay que recordar que Atenas, en sus mejores días, practicaba esos sacrificios todos los años?, ¿que Roma, ante peligros inminentes, inmolaba galos?[13] ¿Quién puede ignorar estas cosas? No sería menos inútil recordar la costumbre de inmolar a los enemigos e incluso a oficiales y sirvientes sobre la tumba de los reyes y grandes capitanes.

---

[11] *Mulieres genas ne radunto*, XII Tab.

[12] *Ut rogis illa imago restitueretur; vel, quemadmodum Varro loquitur, ut sanguine ostenso inferis satisfiat* (*Joh. Ros. Rom. antiquit. corp. absolutiss cum notis Th. Demsteri a Murreck.*, Amst., Blaen, 1685, in-4.º, v. 39, pág. 442).

[13] Pues el galo era para el romano el *hostis*, y, por consiguiente, la *hostia* natural. «Con los otros pueblos —dice Cicerón— combatimos por la gloria; con los galos, por la salvación. Desde que amenazan Roma, las leyes y las costumbres que tenemos de nuestros antepasados hacen que el alistamiento no conozca ya excepciones». En efecto, incluso se alistaba a los esclavos (*Cic. pro M. Fonteio*).

Cuando llegamos a América, a finales del siglo XV, encontramos allí esa misma creencia, pero mucho más feroz. Había que llevar a los sacerdotes mexicanos hasta veinte mil víctimas humanas al año; y para procurárselos, había que declarar la guerra a cualquier pueblo: pero en caso de necesidad los mexicanos sacrificaban a sus propios hijos. El sacrificador abría el pecho de las víctimas, y se apresuraba a arrancarles el corazón palpitante. El gran sacerdote exprimía la sangre que hacía correr sobre la boca del ídolo, ¡y todos los sacerdotes comían la carne de las víctimas!

> …¡Oh Pater orbis!
> ¿Unde nefas tantum?…

Solís ha conservado para nosotros un excepcional documento de la horrible buena fe de esos pueblos, transmitiéndonos el discurso de Magiscatzin a Cortés durante la estancia del famoso español en Tlaxcala. «Ni sabían —dice— que pudiese haber sacrificio sin que muriese alguno por la salvación de los demás».[14]

En Perú, los padres sacrificaban del mismo modo a sus propios hijos.[15] Finalmente este furor, e incluso el

---

[14] Ant. Solís, *Conq. de la Nueva Esp.*, lib. III, cap. 3.

[15] Se encontrará un informe muy detallado de esas atrocidades en las cartas americanas del conde Carli-Rubi, y en las notas de un traductor fanático que, por desgracia, ha mancillado investigaciones interesantes con todos los excesos de la impiedad moderna (Véase *Lettres américaines*, traducción al francés del conde Gian Rinado Carli, París, 1788, 2 vols., in-8.°, carta VIII, pág. 116; y la carta XXVII, págs. 407 y ss.). Al reflexionar sobre algunas notas muy sabias, estaría

de la antropofagia, ha dado la vuelta al mundo y ha deshonrado a los dos continentes.[16]

Hoy mismo, a pesar de la influencia de nuestras armas y nuestras ciencias, no hemos podido desarraigar de la India ese funesto prejuicio de los sacrificios humanos.

¿Qué dice la ley antigua de ese país, el evangelio del Indostán? «El sacrificio de un hombre alegra a la Divinidad durante mil años; y el de tres hombres durante tres mil años.»[17]

Sé que en tiempos más o menos posteriores a la ley, la humanidad, a veces más fuerte que el prejuicio, permitió que se sustituyera la víctima humana por la figura de un hombre modelada en manteca o en pasta; pero los sacrificios reales se prolongaron durante siglos, y el de las mujeres cuando acaece la muerte de sus maridos continúa todavía.

Este extraño sacrificio se llama *Pitrimedha-Yaga*:[18] la oración que recita la mujer antes de arrojarse a las llamas

---

tentado de creer que la traducción, originalmente salida de una mano pura, ha sido desvirtuada en una nueva edición por una mano muy diferente: es una maniobra moderna y bien conocida.

[16] ¡El editor francés de Carli se pregunta *por qué*! Y responde doctamente: *Porque el hombre del pueblo es siempre víctima de la opinión* (vol. I, carta VIII, pág. 116). ¡Hermosa y profunda solución!

[17] Véase el *Rudhiradhyaya*, o el *capítulo sangriento*, del *Kalika-Purana*, traducido al francés por Blaquière (*Asiat. Research. Sir Will. Jone's works*, in-4.º, vol. II, pág. 1058).

[18] Esta costumbre, que ordena a las mujeres que se entreguen a la muerte, o que se quemen en la tumba de sus esposos, no es exclusiva de la India. Se la encuentra en pueblos del Norte (Herod. lib. V, cap. I, § II). Véase Brottier sobre Tácito, *De mor. Ger.*, cap. XIX, nota 6. Y en América (Carli, *Lettres américaines*, vol. I, carta X).

se denomina *Sancalpa*. Antes de precipitarse sobre ellas, invoca a los dioses, a los elementos, a su alma y a *su conciencia*;[19] la mujer exclama: «¡Y tú, conciencia mía! Sé testigo de que voy a seguir a mi esposo», y, abrazando el cuerpo en medio de las llamas, grita: «¡Satya!, ¡satya!, ¡satya!» (palabra que significa *verdad*).

Es el hijo o el pariente más cercano el que prende fuego a la pira.[20] Esos horrores tienen lugar en un país en el que es un crimen horrible matar una vaca; donde el supersticioso brahmán no se atreve a matar a los parásitos que le devoran.

El gobierno de Bengala, queriendo conocer en 1803 el número de mujeres a las que un prejuicio bárbaro conducía a la pira de sus esposos, descubrió que no eran menos de treinta mil al año.[21]

En el mes de abril de 1802, las dos mujeres de Ameer-Jung, regente de Tanjore, se quemaron sobre el cuerpo

---

[19] *¡La conciencia!* ¿Quién sabe lo que vale esta convicción en el tribunal del juez infalible *que es tan dulce para todos los hombres y derrama su misericordia sobre todas sus criaturas*, como su lluvia sobre todas sus plantas? (Sal. 144, 9).

[20] *Asiat. Research.*, vol. VII, pág. 222.

[21] Extracto de artículos ingleses traducidos en la *Gazette de France* del 19 de junio de 1804, n.º 2369. *Annales littéraires et morales*, vol. II, París, 1804, in-8.º, pág. 145. H. T. Colebrooke, de la sociedad de Calcuta, asegura, a decir verdad, en *Recherches asiatiques* (*Sir William Jone's works*, Supplém., vol. II, pág. 722), que *el número de esas mártires de la superstición no ha sido nunca considerable, y que los ejemplos actuales de tal práctica son escasos*. Pero, en primer lugar, ese término *escaso* no dice nada preciso; y yo observo, por otra parte, que siendo incuestionable el prejuicio y reinando sobre una población de, tal vez, más de sesenta millones de personas, parece que debe de haber necesariamente un número muy elevado de esos sacrificios atroces.

de su esposo. El detalle de ese sacrificio causa horror: todo lo que la ternura maternal y filial tiene de más poderoso, todo lo que puede hacer un gobierno que no quiere utilizar la fuerza, fue empleado en vano para impedir esa atrocidad: las dos mujeres se mostraron inquebrantables.[22]

En algunas provincias de aquel vasto continente, y entre las clases inferiores del pueblo, se hace con frecuencia el voto de darse muerte voluntariamente si se obtiene una determinada gracia de los ídolos del lugar. Aquéllos que hacen estos votos y que han obtenido lo que deseaban, se precipitan desde un lugar llamado *Calabhairava*, situado en las montañas, entre los ríos Tapti y Nermada. La feria anual que se celebra allí es habitualmente testigo de ocho o diez de estos sacrificios ordenados por la superstición.[23]

Todas las veces que una mujer india da a luz a dos gemelos, debe sacrificar uno de ellos a la diosa Gonza arrojándolo al Ganges: incluso algunas mujeres son sacrificadas todavía de vez en cuando a esta diosa.[24]

En esa India tan alabada, «la ley permite al hijo arrojar al agua a su padre anciano, incapaz de trabajar por su subsistencia. La viuda joven está obligada a quemarse en la pira de su esposo; se ofrecen sacrificios humanos para aplacar al genio de la destrucción; y la mujer que

---

[22] Véase *The asiatic. annual Register*, 1802, in-8.º. Se ve en la relación que, según la observación de los jefes marattes, este tipo de sacrificios no era raro en Tanjore.

[23] *Asiat. Research*, vol. VII, pág. 267.

[24] *Gazette de France*, *loc. cit.*

ha sido estéril durante mucho tiempo ofrece a su dios al niño que acaba de traer al mundo, abandonándolo a las aves de presa o a las fieras, o dejando que lo arrastren las aguas del Ganges. *La mayor parte de esas crueldades se siguieron cometiendo solemnemente, en presencia de los europeos, en la última fiesta indostaní ofrecida en la isla de Sangor, en el mes de diciembre de 1801».* [25]

Tal vez se tenga la tentación de decir: «¿Cómo es posible que los ingleses, señores absolutos de esas tierras, puedan ver todos esos horrores sin poner orden? Quizá lloran ante las piras, pero, ¿por qué no las apagan? El gobierno ha empleado órdenes severas, ha adoptado las medidas de rigor, ha realizado ejecuciones terribles, pero ¿para qué? Siempre para aumentar o defender el poder, nunca para acabar con esas horribles costumbres. Se diría que los hielos de la filosofía han extinguido en su corazón esa sed de orden que opera los mayores cambios a pesar de los mayores obstáculos; o que el despotismo de las naciones libres, el más terrible de todos, desprecia demasiado a sus esclavos para tomarse el esfuerzo de hacerlos mejores».

Pero, en primer lugar, me parece que se puede hacer una suposición más honrosa, y sólo por eso más verosímil: *que es absolutamente imposible vencer en este punto los prejuicios obstinados de los hindúes, y que querer abolir mediante la autoridad esos usos atroces no conduciría más que a comprometerla, sin fruto para la humanidad.* [26]

---

[25] Véase *Essais by the students of Fort William Bengal, etc.*, Calcuta, 1802.
[26] Sería injusto, sin embargo, no señalar que, en las partes de la India sometidas al cetro católico, ha desaparecido la pira de las viudas. Tal es la fuerza oculta y admirable de la verdadera *ley de la gracia*. Pero

Por otra parte, veo un gran problema que hay que resolver: esos sacrificios atroces que tan justamente nos sublevan, ¿no serán *buenos*, o al menos necesarios, en la India? Mediante esa institución terrible, la vida de un esposo se encuentra bajo el cuidado incorruptible de sus mujeres y de todo lo que se relaciona con ellas. En el país de las revoluciones, las venganzas, los crímenes viles y tenebrosos, ¿qué sucedería si las mujeres no tuvieran nada que perder materialmente por la muerte de sus esposos, y si no vieran en esa muerte más que el derecho a conseguir otro? ¿Creemos acaso que los legisladores antiguos, que fueron todos hombres prodigiosos, no habrán tenido en esas regiones razones particulares y poderosas para establecer esas costumbres? ¿Creeremos incluso que esas costumbres han podido establecerse por medios puramente humanos? Todas las legislaciones antiguas desprecian a las mujeres, las degradan, las injurian, las maltratan más o menos.

«La mujer —dice la ley de Manu— está protegida por su padre en la infancia, por su marido en la juventud, y por su hijo en la vejez: nunca es apropiado para ella el estado de independencia. La fogosidad indomable de temperamento, la inconstancia del carácter, la ausencia de todo afecto permanente y la perversidad natural que caracterizan a las mujeres no dejarán nunca, a pesar de

---

Inglaterra, que deja arder por miles a mujeres inocentes bajo su imperio sin duda muy suave y muy humano, reprocha sin embargo muy seriamente a Portugal las condenas de su Inquisición, es decir, algunas gotas de sangre culpable vertidas muy de vez en cuando *por la ley*. EJICE PRIMO TRABEM, etc.

todas las precauciones imaginables, de apartarlas en poco tiempo de sus esposos.[27]

Platón quiere que las leyes no pierdan de vista a las mujeres ni siquiera un instante: «Pues —dice— si no se regula debidamente este asunto, ellas no serán ya la mitad del género humano, sino más de la mitad, *y tantas veces más de la mitad cuantas menos veces tengan de virtud que nosotros*».[28]

¿Quién no conoce la increíble esclavitud de las mujeres de Atenas, donde estaban sometidas a una tutela interminable; donde, a la muerte de un padre que no dejaba más que una hija casada, el pariente más próximo al difunto tenía derecho a quitársela a su marido y a convertirla en su esposa; donde el marido podía legar a su mujer, como parte de su propiedad, a cualquier individuo que quisiera elegir como sucesor, etc.?[29]

¿Quién no conoce también la dureza de la ley romana hacia las mujeres? Se diría que, en lo referente al *segundo sexo*, los fundadores de las naciones habían sido todos de la escuela de Hipócrates, que lo creía malo en su misma esencia. «La mujer —dice— es perversa por naturaleza: su tendencia debe ser reprimida cotidianamente, de otro modo crece en todas direcciones, como las

---

[27] *Leyes de Manu*, hijo de Brahma, trad. de William Jones, *Works*, vol. III, cap. XI, n.º 3, págs. 335, 337.

[28] Platón, *De Leg.* VI, *Opp.*, vol. VIII, pág. 310.
Οσω ή θήχεια ήμὶν φώτις ἐσι πρὸς ἀρητὴν χείρων τῆς ἀρρενων, τοσέτῳ διαφέρει πρὸς πὸ πλὲον ἢ διαπάσιον είναι.

[29] La madre de Demóstenes había sido legada de esta manera, y la fórmula de esta disposición nos ha sido conservada en el discurso contra Estéfano (Véanse los Comentarios sobre las quejas de Iseo en las obras de Jones, vol. III, in-4.º, págs. 210, 211).

ramas de un árbol. Si el marido está ausente, los parientes no bastan para guardarla: es necesario un amigo cuyo celo no esté cegado por el afecto».[30]

En una palabra, todas las legislaciones han tomado precauciones más o menos severas contra las mujeres; en nuestros días, son todavía esclavas bajo el Corán, y animales de carga entre los salvajes: sólo el Evangelio ha podido elevarlas al nivel del hombre haciéndolas mejores; sólo él ha podido proclamar *los derechos de la mujer* después de haberlos hecho nacer, y hacerlos nacer estableciéndose en el corazón de la mujer, el instrumento más activo y más poderoso tanto para el bien como para el mal. Extinguid, debilitad sólo hasta cierto punto, en un país cristiano, la influencia de la ley divina, dejando subsistir la libertad que ha concedido a las mujeres, y pronto veréis cómo esa noble y conmovedora libertad degenera en una licencia vergonzosa. Se convertirán en los instrumentos funestos de una corrupción universal que alcanzará en poco tiempo a las partes vitales del Estado. Éste se hundirá en la podredumbre, y su gangrenosa decrepitud producirá a la vez vergüenza y horror.

Un turco, un persa, que asistan a un baile europeo, creerán estar soñando: no comprenden en absoluto a esas mujeres,

Compañeras de un esposo y reinas en todas partes,
libres sin deshonor, fieles sin coacción,
y sin que su virtud se deba nunca al temor.

[30] Hipp., *Opp.*, Edit. Van der Linden, in-8.º, vol. II, págs. 910, 911. Ἔχει γάρ φύτει τοακόλαςον ἐν ἐωύτεῆ.

Y es que ignoran la ley que hace posible ese tumulto y esa mezcla. Incluso la que se aparta de ella le debe su libertad. Si pudiera haber sobre este punto un *más* y un *menos*, yo diría que las mujeres deben más que nosotros al cristianismo. La aversión que éste muestra por la esclavitud (que extinguirá siempre suave e infaliblemente en todas partes donde actúe libremente) está unida sobre todo a ellas: sabiendo perfectamente lo fácil que es inspirar el vicio, quiere al menos que nadie tenga derecho a ordenarlo.[31]

Finalmente, ningún legislador debe olvidar esta máxima: «Antes de hacer que el Evangelio se desvanezca, hay que encerrar a las mujeres», o agobiarlas con leyes terribles, como las de la India. Con frecuencia se ha celebrado *la dulzura* de los hindúes; pero que nadie se equivoque: fuera de la ley que ha dicho ¡BEATI MITES! no existen hombres *dulces*. Podrán ser *débiles*, *tímidos*, *cobardes*, pero nunca *dulces*. El cobarde puede ser cruel; lo es incluso con mucha frecuencia: el hombre *dulce* no lo es jamás. La India proporciona un buen ejemplo de ello.

---

[31] Hay que señalar también que si el cristianismo protege a la mujer, ésta, a su vez, tiene el privilegio de proteger la ley protectora hasta un punto que merece gran atención. Incluso estaríamos tentados a creer que esta influencia se debe a alguna afinidad secreta, a alguna ley *natural*. Vemos que la salvación comienza por una mujer anunciada desde el origen de los tiempos: en toda la historia evangélica, las mujeres desempeñan un papel muy notable; y en todas las conquistas célebres del cristianismo, realizadas tanto sobre los individuos como sobre las naciones, se observa siempre la presencia de una mujer. Así debe ser, puesto que... Pero temo que esta nota se alargue demasiado.

Sin hablar de las atrocidades supersticiosas que acabo de citar, ¿qué país del globo ha visto más crueldades?

Pero nosotros, que palidecemos de horror ante la sola idea de los sacrificios humanos y la antropofagia, ¿cómo podríamos ser a la vez tan ciegos y tan ingratos como para no reconocer que debemos esos sentimientos sólo a la *ley del amor* que ha velado sobre nuestra cuna? Una ilustre nación, llegada al último grado de civilización y de urbanidad, se atrevió no hace mucho, en un acceso de delirio del que la historia no ofrece ningún otro ejemplo, a suspender formalmente esta ley: ¿qué vimos entonces? En un abrir y cerrar de ojos, vimos renacer las costumbres de los iroqueses y los algonquinos; las leyes santas de la humanidad pisoteadas; la sangre inocente derramándose por los cadalsos que cubrían toda Francia; hombres rizando y empolvando cabezas sangrientas, y hasta la boca de las mujeres manchadas de sangre humana.

¡Éste es el hombre *natural*! Y no es que no lleve en sí mismo los gérmenes inextinguibles de la verdad y la virtud: los derechos de su nacimiento son imprescriptibles; pero, sin una fecundación divina, esos gérmenes no brotarán jamás, o no producirán sino seres equívocos y malsanos.

Es el momento de sacar de los hechos históricos más indiscutibles una conclusión que no lo sea menos.

Sabemos, por una experiencia de cuatro siglos, *que en todas partes donde el verdadero Dios no sea conocido y servido, en virtud de una revelación, el hombre inmolará siempre al hombre, y a menudo lo devorará.*

Lucrecio, después de habernos contado el sacrificio de Ifigenia (como si fuese una historia auténtica, por supuesto, pues necesitaba de ella), exclama con aire triunfante:

¡Qué de males puede alumbrar la religión!

Desgraciadamente, no veía más que los abusos, así como todos sus sucesores, infinitamente menos excusables que él. Ignoraba que el mal de los sacrificios humanos, por enorme que fuera, desaparecía ante los males que produce la impiedad absoluta. Ignoraba, o no quería ver, que no hay, que ni siquiera puede haber, una religión enteramente falsa; que la de todas las naciones cultas, tal como era en la época en que él escribía, no dejaba de ser el cimiento del edificio político, y que los dogmas de Epicuro, al minarla, precisamente estaban a punto de socavar al mismo tiempo la antigua constitución de Roma, para sustituirla por una tiranía atroz e interminable.

En cuanto a nosotros, felices poseedores de la verdad, no cometamos el crimen de ignorarla. Dios ha querido *disimular cuarenta siglos*;[32] pero desde que comenzaron para el hombre unos nuevos tiempos, ese crimen ya no puede tener excusa. Al reflexionar sobre los males producidos por las falsas religiones, bendecimos y abrazamos con arrebato la verdadera, que ha explicado y justificado

---

[32] Hch. 17, 30. *Et tempora quidem hujus ignorantiae* despiciens *Deus*, etc., ὑπεριδών. Arnaud, en el Nuevo Testamento de Mons, traduce: estando *Dios* encolerizado contra *estos tiempos de ignorancia*, etc. Y en una nota a pie de página, escribe: *De otro modo, Dios, habiendo dejado pasar y como disimulado*; y, literalmente, *despreciado estos tiempos*, etc. En efecto, es completamente *de otro modo*.

el instinto religioso del género humano, que ha libera-
do ese sentimiento universal de los errores y los crímenes
que la deshonraban, y que ha *renovado la faz de la tierra*.

¡QUÉ DE MALES PUEDE CORREGIR LA RELIGIÓN!

Esto es, aproximadamente, si no me equivoco, lo que se
puede decir, sin aventurarse demasiado, sobre el principio
oculto de los sacrificios, y en especial de los sacrificios humanos que han deshonrado a toda la familia humana. No
creo inútil mostrar ahora, al concluir este capítulo, de qué
manera la filosofía moderna ha considerado el mismo tema.

La idea vulgar que se viene inicialmente a la cabeza, y
que precede visiblemente a la reflexión, es la de un homenaje o una especie de *presente* que se hace a la Divinidad.
Los dioses son nuestros benefactores (datores bonorum), *y
es muy lógico ofrecerles las primicias de esos bienes que de
ellos obtenemos*: de ahí las libaciones antiguas y esa ofrenda
de las primicias con que se daba comienzo a las comidas.[33]

Heyne, explicando este verso de Homero:

Arroja a la llama las primicias de la comida,[34]

encuentra en esta costumbre el origen de los sacrificios: «Puesto que los antiguos, dice, ofrecían a los dioses

---

[33] Esa parte del alimento, que se separaba y quemaba en honor de los
dioses, se llamaba entre los griegos *aparque* ἀπαρχή, y la acción de
ofrecer este tipo de primicias se expresaba mediante un verbo
ἀπάρχετθαι *aparquer* o COMENZAR (por excelencia).

[34] Ὁ δὲ ἐν πυρί βάλλε θυηλάχ (*Ilíada* XI, 220). *Odisea* XIV, 436, 446.

una parte de sus alimentos, y la carne de los animales estaba entre ellos, *el sacrificio, considerado de esta manera, no tiene nada de sorprendente*».[35] Estas últimas palabras, dicho sea de paso, prueban que este hombre tan hábil veía confusamente en la idea general del sacrificio algo más profundo que la simple ofrenda, y que este otro punto de vista le *sorprendía*.

En efecto, no se trata únicamente de *presente*, de *ofrenda*, de *primicias*; en una palabra, de un acto simple de homenaje y de reconocimiento, dirigido, si se me permite expresarme así, al *señorío* divino; pues, en este supuesto, los hombres habrían ido a buscar a la hoguera las carnes que debían ser ofrecidas en los altares: se habrían limitado a repetir en público, y con la pompa conveniente, esta misma ceremonia con la que comenzaban sus comidas domésticas.

Se trata de la *sangre*; se trata de la *inmolación* propiamente dicha; se trata de explicar cómo los hombres

---

[35] *Apparet (religiosum hunc ritum) peperisse sacrificiorum morem; quippe quae ex epulis domesticis ortum duxerunt, quum cibi vescendi pars resecta pro primitiis offerretur diis in focum conjicienda: hoc est* ἀπάρχετθαι, *nec est quod* HIC *mos religiosus displiceat* (Heyne, *ad. loc.*).

Esta explicación de Heyne no me sorprende; pues a la escuela protestante en general no le gustan las ideas que salen del círculo material: esa escuela desconfía de ellas sin distinción, y parece condenarlas en masa como vanas y supersticiosas. Reconozco sin dificultad que su doctrina nos puede ser útil a nosotros, nunca en verdad como alimento, pero a veces como remedio. En este caso, sin embargo, creo que es enteramente falsa; y me sorprende que Bergier la haya adoptado (*Traité hist. et dogm. de la vraie relig.*, in-8.º, vol. II, págs. 303, 304; vol. VI, págs. 296, 297, según Porfirio, *De abstin.*, libro II, citado, *ibid.*). Este erudito apologeta *veía* muy bien: pero parece que aquí no *miró*.

de todos los tiempos y de todos los lugares habrían podido ponerse de acuerdo en creer que había, no en la ofrenda de la carne (hay que subrayar bien esto), sino en la *efusión de sangre*, una virtud expiatoria útil al hombre: éste es el problema, y no se explica a primera vista.[36]

No sólo los sacrificios no fueron una simple expresión de las *aparques*, ofrendas de las primicias quemadas al comenzar las comidas, sino que esas mismas *aparques* no eran, evidentemente, más que una clase de *sacrificios disminuidos*; igual que nosotros podríamos trasladar a nuestras casas algunas ceremonias religiosas, ejecutadas con pompa pública en las iglesias. Se convendrá en ello a poco que uno se tome la molestia de reflexionar sobre el asunto.

Hume, en su grosera *Historia natural de la Religión*, adopta esta misma idea de Heyne, y la envenena a su manera: «El sacrificio —dice—se considera un regalo: ahora bien, para dar algo a Dios, hay que destruirlo para el hombre. Si se trata de algo sólido, se lo quema; si es un líquido, se derrama; si es un animal, se lo mata. El hombre, a falta de un medio mejor, sueña que al hacer mal hace

---

[36] Los persas, según Estrabón, se dividían la carne de las víctimas, *y no reservaban nada para los dioses* Τοὶς θεοῖς ουδεν απονείμαντες μέρος. *Pues*, decían, *Dios no tiene necesidad más que del alma de la víctima* (es decir, de la sangre) Τῆς γαρ ΨΥΧΗΣ, φατὶ, το ἱεπεῖον δείθας τὸν θεόν ἄλλον δὲ ὀυδενός. Estrabón, lib. XV, pág. 695, citado en la disertación de Cudworth *De vera notione caenae Domini*, cap. I, n.º VII, al final de su libro célebre: *Sistema intellectuale universum*. Este curioso texto refuta directamente las ideas de Heyne, y se encuentra perfectamente de acuerdo con las teorías hebreas, según las cuales *la efusión de sangre constituye la esencia del sacrificio* (*Ibid.*, cap. II, n.º IV).

bien a Dios; cree, al menos, que de esta manera prueba la sinceridad de los sentimientos de amor y adoración que le animan; y es así como nuestra devoción mercenaria se jacta de engañar a Dios después de haberse engañado a sí misma».[37]

Pero toda esta acrimonia no explica nada: hace incluso más difícil el problema. Voltaire no dejó de ejercitarse también sobre el tema; tomando solamente la idea general del sacrificio como un *dato*, se ocupa en particular de los sacrificios humanos.

«No se veía —dice— en los templos más que tornos, pinchos, parrillas, cuchillos de cocina, largos tenedores de hierro, *cucharas* o *cucharones*,[38] grandes tinajas para recoger la grasa, y todo lo que puede inspirar desprecio y horror. Nada contribuyó más a perpetuar esta dureza y atrocidad de las costumbres, que llevó finalmente a los hombres a sacrificar a otros hombres, incluso a sus propios hijos. Pero los sacrificios de la Inquisición de los que tanto hemos hablado fueron cien veces

---

[37] *Hume's Essais and Treatises on several subjects. The natural history of Religion*, cap. IX, Londres, 1758, in-4.º, pág. 511.

Se puede señalar en ese fragmento, considerado como una fórmula general, uno de los rasgos más sorprendentes de la impiedad: el desprecio del hombre. Hija del orgullo, madre del orgullo, siempre ebria de orgullo y no respirando más que orgullo, la impiedad no cesa, sin embargo, de ultrajar a la naturaleza humana, de despreciarla, de degradarla, de considerar todo lo que ha hecho y lo que ha pensado siempre el hombre, de considerarlo, digo, de la manera más humillante para él, la más apropiada para envilecerlo y desesperarle: y es así como, sin darse cuenta, pone a la luz más resplandeciente el rasgo opuesto de la religión, que emplea sin descanso la humildad para elevar al hombre hasta Dios.

[38] Soberbia observación, y valiosísima sobre todo por la pertinencia.

más abominables: hemos sustituido los carniceros por verdugos».[39]

Sin duda Voltaire no había puesto jamás el pie en un templo antiguo; ni siquiera los grabados le habían dado a conocer ese tipo de edificios, puesto que creía que el templo propiamente dicho ofrecía el espectáculo de una carnicería y una cocina. Por otra parte, no había considerado que esas parrillas, espetones, largos tenedores, *cucharas* o *cucharones*, y tantos otros instrumentos igualmente terribles, están tan de moda ahora como antaño, sin que nunca ninguna madre de familia, ni siquiera las mujeres de los carniceros y los cocineros, hayan tenido la menor tentación de ensartar a sus hijos en el espetón o de arrojarlos a la olla. Nadie piensa que esa especie de insensibilidad que resulta de la costumbre de verter la sangre de los animales, y que puede como mucho facilitar tal o cual crimen particular, pueda llevar nunca a la inmolación sistemática del hombre. Por otra parte, se puede leer sin sorpresa esa palabra FINALMENTE empleada por Voltaire, como si los sacrificios humanos hubieran sido el resultado tardío de los sacrificios de animales, realizados previamente durante siglos: nada más falso. *Siempre* y *en todos los lugares* en que no se ha conocido y adorado al verdadero Dios, se ha inmolado al hombre; los más antiguos documentos de la historia lo atestiguan, y la fábula misma, que no debe, ni mucho menos, rechazarse siempre, se une a su testimonio. Ahora bien, para explicar este gran fenómeno,

---

[39] Véase la nota XII sobre la tragedia decrépita de *Minos*.

no basta recurrir *a los cuchillos de cocina y a los grandes tenedores*.

La frase sobre la Inquisición, con que termina la nota, parece escrita en un acceso de delirio. La ejecución legal de un pequeño número de hombres, ordenada por un tribunal legítimo en virtud de una ley anterior solemnemente promulgada, y a la que cada víctima era perfectamente libre de atenerse, esta ejecución, digo, ¡es *cien veces más abominable* que el crimen atroz del padre y la madre que llevan a su hijo hasta los brazos en llamas de Moloch! ¡Qué atroz delirio!, ¡Qué olvido de toda razón, de toda justicia, de todo pudor! Hasta tal punto se deja llevar por la rabia antirreligiosa, que, al final de su perorata, ya no sabe exactamente lo que dice. «Hemos sustituido los carniceros por verdugos», dice, como si pensara que sólo había hablado de los sacrificios de animales, olvidando la frase que acababa de escribir sobre los sacrificios humanos; de otro modo, ¿qué significa esta oposición de los *carniceros* a los verdugos? Los sacerdotes de la Antigüedad, que degollaban a sus semejantes *con un hierro sagrado*, ¿eran menos *verdugos* que los jueces modernos que los envían a la muerte en virtud de una ley?

Pero volvamos al tema principal: no hay nada más débil, como se ve, que la razón alegada por Voltaire para explicar el origen de los sacrificios humanos. Esa simple conciencia que se llama *sentido común* basta para demostrar que no hay en esta explicación la menor sombra de sagacidad, ni de conocimiento verdadero del hombre o de la Antigüedad.

Escuchemos por último a Condillac, y veamos cómo se las ha arreglado para explicar el origen de los sacrificios humanos a su supuesto ALUMNO, que, por suerte para el pueblo, nunca quiso dejarse *educar*.

«No se contentaron, dice, con dirigir a los dioses sus oraciones y sus votos; creyeron que debían ofrecerles las cosas que se imaginaron les eran agradables... frutos, animales y HOMBRES...».[40]

Me guardaré mucho de decir que este fragmento es digno de un niño, pues no hay, gracias a Dios, ningún niño lo bastante malvado como para escribirlo. ¡Qué execrable ligereza! ¡Qué desprecio hacia nuestra desdichada especie! ¡Qué rencor acusador contra su instinto más natural y más sagrado! Me es imposible expresar hasta qué punto Condillac subleva aquí mi conciencia y mis sentimientos: es uno de los pasajes más odiosos de este odioso escritor.

[40] *Oeuvres de Condillac*, París, 1798, in-8.º, vol. I, *Hist. Anc.*, cap. XII, págs. 98, 99.

CAPÍTULO III

TEORÍA CRISTIANA DE LOS SACRIFICIOS

¿Qué verdad no se encuentra en el paganismo?

Es muy cierto que hay varios *dioses* y varios *señores*, tanto en el cielo como en la tierra,[1] y que debemos aspirar a la amistad y el favor de esos dioses.[2]

Pero es cierto también que no hay más que un solo Júpiter, que es el dios supremo, el dios primero,[3] el muy grande;[4] *la naturaleza superior* que sobrepasa a todas las demás, incluso a las divinas;[5] el *lo que quiera que sea* que no tiene nada por encima de él;[6] el dios no-solamente *Dios*, sino COMPLETAMENTE DIOS;[7] el motor del universo;[8] el

[1] *Pues, aunque hay algunos que son llamados dioses, tanto en el cielo como en la tierra, y aunque así haya varios dioses y varios señores, sin embargo*, etc. (1 Cor., 8, 5-6; 2 Tes. 2, 4).

[2] S. Agustín, *De civ. Dei*, VIII, 25.

[3] *Ad cultum divinitatis obeundum, satis est nobis Deus primus* (Arnob., Adv. gent., III).

[4] *Deo qui est maximus* (Inscripción en un lámpara antigua del Museo de Passeri. *Antichita di Ercolano*, Nápoles, 17 vols., in-fol., vol. VIII, pág. 264).

[5] *Melior natura* (Ovidio, *Metam.* I, 21). *¡Numen ubi est, ubi Di!* (Id., *Her.* XII, 119). Προς Διος καὶ Θεῶν (Demost. *Pro Cor.*) Οι Θεοὶ δέ εισονται καί τὸ Δαιμόνιον (*Id. de falsa leg.* 68).

[6] *Deum summum, illud quidquid est summum* (Plinio, *Hist. nat.*, II, 4).

[7] *Principem et MAXIME DEUM* (Lact. Ethn. ad Stat. Theb., IV, 516, citado en la Biblioth. lat. de Fabricius).

[8] *Rector orbis terrarum* (Sen. ap. Lact., div. just. I, 4).

padre, el rey, el *emperador*;[9] el dios de dioses y de hombres;[10] el padre todopoderoso.[11]

También es cierto que Júpiter no puede ser adorado de la forma conveniente más que con Pallas y Juno, pues el culto de estas tres potencias es indivisible.[12]

Es muy cierto «que si razonamos sabiamente sobre el Dios, principio de las cosas presentes y futuras, y sobre el Señor, padre de ese principio y de esa causa, veremos ahí con tanta claridad como pueda hacerlo el hombre más felizmente dotado».[13]

Es muy cierto que Platón, que dijo lo que precede, no podría ser corregido más que respetuosamente cuando dice en otro pasaje: «Que estando el gran rey en medio de las cosas, y habiendo sido hechas todas las cosas para él, puesto que es el autor de todo bien, el segundo rey está sin embargo en medio de las cosas segundas, y el tercero en medio de las terceras,[14] lo que, sin embargo, no

---

[9] *Imperator divum atque hominum* (Plaut., in Rud., prol., v., 11).

[10] *Deorum omnium Deus* (Sen., *ubi supra*), Θεὸς ὁ Θεῶν Ζευς. *Deus deorum Júpiter* (Plat., en Crit., *Opp.*, vol. X, pág. 66). *Deus deorum* (Sal. 83, 7). *Deus noster proe ómnibus diis* (*Ibid.*, 134, 5). *Deus magnus super omnes deos* (*Ibid.*, 94, 3). Ἐπὶ πᾶσι Θεος (Plat., Oríg., *passim*).

[11] *Pater omnipotens* (Virg., *En.*, I, 65; X, 2, etc.).

[12] *Júpiter sine contubernio conjugis filioeque eoli non solet* (Lact., *Div. instit.*).

[13] Τόν τῶν Θεὸν ηγεμόνα τῶν τὲ ὄντων καὶ τῶν μελλόντων, τῶ τε ηγεμόνος καὶ αἰτίου πατέρα κύριον... ἂν ορθῶςὄντως φιλοτορώμεν, εἰσόμεθα πάντες σαφῶς, εἰς δύναμιν ανθρώπων εὔδαιμόνων (Plat., epist. *VI, ad Herm. Erast. et Corisc.*, *Opp.*, vol. XI, pág. 92). En efecto, ¿cómo conocer a uno sin el otro? (Tertull., *De an.*, cap. I).

[14] Περὶ τὸν παντων βασιλέα πάντεςι, καὶ εκείνου ἕνεκα πάντα, καὶ εκείνος αἴτιον ἅταντον τῶν καλῶν, δεύτερονδέ περὶ δευτερα, καὶ τρίτον περὶ τὰ τρίτα, *Ejusd. epist. II, ad Dyonis.*, *ibid.*, vol. XI, pág. 69; *et apud Euseb. Praep. Evang.*, XI).

debía escribirse de manera más clara, para que si lo escrito se perdiera, por algún azar de mar o de tierra, el que lo encontrase no comprendiera nada de ello.»[15]

Es muy cierto que Minerva salió del cerebro de Júpiter.[16] Es cierto que Venus había salido primitivamente del *agua*;[17] que volvió a ella en la época de aquel diluvio durante el cual «todo se convirtió en mar y el mar no tenía

---

Quien tenga curiosidad por saber lo que se ha dicho sobre este texto, podrá consultar Oríg., *De princ.*, lib. I, cap. 3, n. 5, *Opp.* edit. Ruaei, in-fol., vol. IV, pág. 62 — Huet., *in* Oríg., *ibid.*, lib. II, cap. 2, n. 27, 28; y las notas de La Rue, págs. 63, 135. — *Clem. Alej.*, vol. V, pág. 598, edit. París. —*Atenag. leg. pro Christ. Oxoniae, ex theatro Seldon*, in-8.º, 1706, *curis* Dechair, pág. 93, n. XXI, en nota. Es muy singular que ni Huet ni su erudito comentador hayan citado el pasaje de Platón, del que Orígenes hace ahí un comentario notable. He aquí este último texto tal como nos lo ha legado Focio (Cod. VIII) Διήκειν μὲν τὸν πατέρα διὰ πάντων τῶν ὄντων; τὸν δέ υτον μεχρι τῶν λόγικων μὸνων, τον δέ πνεῦμα μεχρὶ μὸνων τῶν σεσοσμένων; es decir, *el Padre abraza todo lo que existe; el Hijo se limita a los seres inteligentes, y el Espíritu a los elegidos.*

[15] Φραςέον δὲ τοὶ δι' αίνιγῶν, ίν ἂν τί ἡ δέχτος ἤ ποντε ἤ γῆς ἐν τύχαις, ὁ ανάγνες μή γνῶ (Plat., *ubi sup.*).

[16] Eccli., XXX, 5. Telémaco, libro VIII. *Cantó primero*, etc.

[17] En memoria de este nacimiento, los antiguos habían establecido una ceremonia para atestiguar a perpetuidad *que todo crecimiento en los seres organizados viene del agua* — εξ ὕδατος πάντων αὧξητις. Véase el Escoliasta sobre el verso 145 de la cuarta Pítica de Píndaro. Según la antigua doctrina de los *Vedas*, Brahma (*que es el Espíritu de Dios*) era *llevado sobre las aguas* al comienzo de las cosas, en una hoja de loto; y la potencia sensible tuvo su origen en el agua (Williams Jones, en *Recherches asiatiques*, «Diss. sur les dieux de Grèce et d'Italie», vol. I). — H. T. Colebroke, *ibid.*, vol. VIII, pág. 403, nota. La física moderna está de acuerdo. Véase *Black's Lectures on Chemistry*, in-4.º, vol. I, pág. 245. — *Lettres physiques et morales*, etc., por J. A. de Luc ; in-8.º, vol. I, pág. 112, etc.

[18] *Omnia pontus erant, deerant quoque littora pronto.* (Ovidio, *Metam.*).

orillas»,[18] y que se durmió entonces en el fondo de las aguas;[19] si se añade que salió luego en forma de paloma, famosa en todo el Oriente,[20] no se cometerá un gran error.

Es muy cierto que todo hombre tiene su *genio conductor* e *iniciador*, que le guía a través de los misterios de la vida.[21]

Es muy cierto que Hércules no pudo subir al Olimpo y casarse con Hebe hasta después de haber consumido mediante el fuego en el monte Aeta todo lo que tenía de *humano*.[22]

Es muy cierto que Neptuno manda sobre los vientos y el mar, y que les infunde miedo.[23]

---

[19] Véase la disertación sobre el monte Cáucaso de F. R. Wilford (en *Rech. asiat.*, vol. VII, págs. 522-523).

[20] Así pues, no resulta sorprendente que los hombres se pusieran de acuerdo en reconocer a la paloma como *el ave de Venus*: nada es falso en el paganismo, pero todo está corrompido.

[21] Μυςαγογός τε βίε αγαθὸς (Men. ap. Plut., *De tranq. an.*). «Esos genios habitan la tierra por orden de Júpiter, para ser allí los benefactores guardianes de los desdichados mortales» (Hesíodo); pero sin dejar no obstante de ver a aquél que los ha enviado (Mat. 18, 10). «Cuando cerremos, pues, la puerta y hayamos llevado la oscuridad a nuestras casas, recordemos no decir nunca [que es de noche y] que estamos solos; pues DIOS Y NUESTRO ÁNGEL están con nosotros; y para vernos no necesitan luz» (Epist. Arr., disert. I, 14). Bacon, en una obra bastante dudosa, enumera las *paradojas* o las contradicciones *aparentes* del cristianismo: «Que no pidamos nada a los ángeles y que no les demos las gracias por nada, creyendo que les debemos mucho» (*Paradojas cristianas*, etc., *Works*, vol. II, pág. 494). Esta contradicción, que no es en absoluto *evidente*, no se encuentra en el cristianismo *total*.

[22] *...Quodeumque fuit populabile flamae*
Mulciber abstulerat; nec cognoscenda remansit
Herculis effigies ; nec quidquam ab origine ductum
Matris habet ; tantumque Jovis vestigia servat
(Ovidio, *Metam.* IX, 262 ss.).

[23] «Desde los dos puntos opuestos del cielo, llama a él a los vientos. ¿Cómo, pues, les dice, habéis podido confiar en lo que sois, para

Es muy cierto que *los dioses* se alimentan de *néctar* y de ambrosía.[24]

Es muy cierto que los *héroes* que han prestado servicios eminentes a la humanidad, sobre todo los *fundadores* y los *legisladores*, tienen derecho a ser declarados *dioses* por el poder legítimo.[25]

Es muy cierto que, cuando un hombre está enfermo, hay que procurar *encantar* suavemente el mal mediante

---

trastornar así la tierra y los mares, y levantar esas olas enormes, sin recordar mi poder? Como precio de tal audacia, debería...; pero es necesario ante todo tranquilizar a las olas; otra vez, no me desafiaréis impunemente. ¡Marchad sin demora! Id a decir a vuestro dueño que el imperio de los mares no es suyo: el destino ha puesto en mis manos el temible tridente. Eolo habita el palacio de los vientos, en medio de peñascos altaneros: ¡que se agite en ese retiro! ¡Que reine en esas vastas prisiones! Habla, y ya la tempestad ha cesado: Neptuno disipa las nubes amontonadas, deja brillar el sol, y pasea su carro ligero sobre la superficie serena de las aguas». (Virg., *En.* I, 131 ss.).

«Entonces amenazó a los vientos y dijo al mar: ¡CÁLLATE!... e inmediatamente se hizo un silencio profundo» (Mc., 4, 59; Lc. 8, 24; Mt. 8, 26).

Se ve aquí la diferencia entre la verdad y la fábula: la primera hace *hablar* a Dios; la segunda le hace *argumentar*; pero siempre es, como se verá más adelante, algo *diferentemente semejante*.

[24] «Soy el ángel Rafael...; os ha parecido que yo bebía y comía con vosotros; pero yo me alimento de una carne invisible y de una bebida que los hombres no pueden ver» (Tob. 12, 15, 19).

[25] La *canonización* de un soberano, en la Antigüedad pagana, y la *apoteosis* del *héroe* del cristianismo en la Iglesia no difieren, según la expresión ya empleada, más que como potencias negativas y positivas. De un lado está el error y la corrupción, del otro la verdad y la santidad; pero todo parte del mismo principio; pues el error, una vez más, no puede ser más que la verdad corrompida, es decir, un pensamiento procedente de un principio inteligente más o menos degradado, pero que, sin embargo, no puede actuar más que de acuerdo con su esencia, o, si se quiere, de acuerdo con sus ideas naturales o innatas. *Totum prope coelum nonne humano genere completum est!*

palabras poderosas, sin descuidar, no obstante, ningún medio de la medicina material.[26]

Es muy cierto que la medicina y la *adivinación* son parientes muy próximos.[27]

Es muy cierto que *los dioses* han venido a veces a sentarse a la mesa de los hombres justos, y que otras veces

(Cic., *Tusc. Quoest.*, I, 13. ¡Sí, verdaderamente! Ése es su destino. La cosa ya no es susceptible de dudas ni de bromas. Pero, ¿por qué no habría una distinción para los *héroes*?

En cuanto a aquéllos que se obstinaran en ver aquí, como en otras partes, imitaciones razonadas, no hay más que decirles: ¡esperemos el despertar!

[26] ....Τοὺς μὲν μαλακαὶς
Ἐπαοιδαες αμφέτων,
Τοὺς δὲ προσανέδ πὶ
Νοντας, ἢ γυιοιε περιάκìων πάντοθεν
Φαρμακα, Τοὺς τομαις ἐςατεν ὁρθἔς
(Pind., *Pyth.* III, 91, 95)

Locus classicus de medicina veterum (Heyne, *ad loc.* V, *Pindari carm.*, Gottinga, 1798, vol. I, pág. 241).

Se nos permitirá, sin dejar de respetar la memoria de un hombre tan sabio, observar que parece haberse equivocado al ver, en los versos 94 y 95, los *amuletos*; pues parece evidente que Píndaro, en ese lugar, habla simplemente de aplicaciones, fomentos, *tópicos*, en una palabra: pero apenas me atrevo a desmentir a Heyne.

[27] Ἰητρική δέ καὶ μαντική καὶ πάνυ συγγενες ἐισὶ (*Hippocr. Epist. ad Philop.*, *Opp.*, vol. II, pág. 896). «Pues sin la ayuda de Esculapio, que poseía esos secretos de su padre, nunca los hombres habrían podido inventar los remedios». (*Ibid.*, pág. 966). La medicina colocó a sus primeros inventores en el cielo, y todavía hoy se piden por todas partes remedios a los oráculos (Plin., *Hist. nat.*, XXIX, 1). Lo que no debe asombrar, puesto que «es el Altísimo quien creó al médico, y es él quien cura mediante los médicos... Es él quien produjo de la tierra todo lo que cura...; quien ha dado a conocer a los hombres los remedios, y quien se sirve de ellos para calmar los dolores... Orad al Señor...; apartaos del pecado...; purificad vuestro corazón... Luego llamad al médico, pues es el Señor quien lo ha creado». (Eccli., 38, 1, 2, 4, 6, 7, 10, 12).

vinieron a la tierra para explorar los crímenes de esos mismos hombres.[28]

Es muy cierto que las naciones y las ciudades tienen *patronos*, y que, en general, Júpiter ejecuta una infinidad de cosas en el mundo por el ministerio de los *genios*.[29]

Es muy cierto que los elementos mismos, que son imperios, están presididos, como éstos, por algunas *divinidades*.[30]

[28] Se acabaron los días en que los espíritus celestes
traían a este mundo sus mensajes divinos;
en que el ángel, anfitrión indulgente del primero de los humanos,
lo alimentaba del cielo, de las grandezas de su Señor;
a veces se sentaba a su mesa campestre,
olvidando con sus frutos el dulce néctar de los cielos.
(Milton, P. P. IX, 1 ss.).
Es una elegante paráfrasis de Hesíodo, citada por Orígenes para dar testimonio de la verdad (*Adv. Cels.*, vol. I, *Opp.* IV, n.º 76, pág. 563).
Ξυναί γάρ τοῖε δαῖτες εσαν ξυνοι δὲ θοσίκοί
Ἀθδνατοτίσι θεοίσι κατὰ θνητοίς τ' ἀνθρώποις
(Gén. 18; 19. Ovidio, *Metam.* I, 210 ss.).
[29] *Constat omnes urbes in alicujus Dei esse tutela*, etc. (Macrob., *Sat.* III, 9).
Quemadmodum veteres pagani tutelaria sua numina habuerunt regnorum, provinciarum et civitatum (Di quibus imperium steterat), *ita romana Ecclesia suos habet tutelares sanctos*, etc. (Henr. Morus, *Opp. theol.*, pág. 665).
Éx. 13; Dan. 10, 13, 20, 21; 12, 1; Ap. 8, 3; 14, 18; 16, 5. Huet, *Dem. evang.* prop. VII, n.º 9. S. Agustín, *De civ. Dei*, VII, 30.
San Agustín dice que Dios ejercía su jurisdicción sobre los gentiles por el ministerio de los ángeles; y ese sentimiento se basa en varios textos de la Escritura (*Berthier sur les psaumes*, Sal. 134, 4, vol. V, pág. 363). «Pero aquéllos que, por una grosera imaginación (*en efecto, no hay nada más grosero*), creen siempre quitar a Dios todo lo que dan a sus ángeles y a sus santos…, ¿no adquirirán jamás el recto espíritu de la Escritura, etc.?» (Bossuet, *Préf. sur l'expl. de l'Apoc.*, n.º XXVII). Véase *Pensées de Leibnitz*, vol. II, págs. 54, 66.
[30] Cuando veo en los profetas, en el Apocalipsis e incluso en el Evangelio, *a ese ángel de los persas, a ese ángel de los griegos, a ese ángel de*

Es muy cierto que los *príncipes de los pueblos* son llamados al consejo del Dios de Abraham, porque los *poderosos* dioses *de la tierra* son mucho más importantes de lo que se cree.[31]

Pero es cierto también que «entre todos esos *dioses* no hay uno que se pueda comparar con el SEÑOR, y cuyas obras se aproximen a las suyas.

»Pues el cielo no encierra nada semejante a él; *entre los hijos de Dios, Dios no tiene igual*; y, por otra parte, él es el único que realiza milagros».[32]

¿Cómo no creer, pues, que el paganismo no pudo equivocarse en una idea tan universal y tan fundamental

---

los judíos, al ángel de los niños, que asume su defensa...; el ángel de las aguas, el ángel del fuego, etc., reconozco en esas palabras una especie de mediación de los santos ángeles: veo incluso el fundamento que puede haber dado ocasión a los paganos a distribuir sus divinidades entre los elementos y los reinos para presidirlos: *pues todo error está basado en una verdad de la que se abusa* (Bossuet, *ibid.*) *y de la que no es más que una viciosa imitación* (Masillon, *Vér. de la Rel.*, punto 1.°).

[31] *Quae Pater ut summa vidit Saturnius arce,*
Ingemit, et referens foedae convivia mensae,
Ingentes animo et dignas Jove concipit irus,
Conciliumque vocat; tenuit mora nulla vocatos...
Dextra levaque deorum
Atria nobilium *valvis celebrantur a pertis...*
Ergo ubi marmoreo Superi sedere recessu,
Celsior ipse loco, etc.

(Ovid., *Metam.* II, 163 ss.).

Principes populorum congregati sunt cum Deo Abraham: quoniam dii fortes terrae vehementer elevati sunt (Sal. 46, 10).

[32] *Non est similis tut in diis, DOMINE; et non est secundum opera tua* (Sal. 85, 8).
Qui in nubibus (sobre el Olimpo) *aequabitur Domino; similis erit Deo in filiis Dei!* (Sal. 88, 7).
Qui facis mirabilia solus (Sal. 71, 18).

como la de los sacrificios, es decir, *de la redención por la sangre*? El género humano no podía adivinar la sangre de la que tenía necesidad. ¿Qué hombre entregado a sí mismo podía sospechar la inmensidad de la caída y la inmensidad del amor reparador? Sin embargo, todo pueblo, confesando más o menos claramente esta caída, confesaba también la necesidad y la naturaleza del remedio.

Ésa ha sido constantemente la creencia de todos los hombres. Se ha modificado en la práctica, según el carácter de los pueblos y los cultos; pero el principio permanece siempre. Todas las naciones se encuentran especialmente de acuerdo sobre la maravillosa eficacia del sacrificio voluntario de la inocencia que se consagra a sí misma a la divinidad como víctima propiciatoria. Los hombres han atribuido siempre un valor infinito a esa sumisión del justo que acepta los sufrimientos; por ese motivo Séneca, después de haber pronunciado sus famosas palabras: *¡Ecce par Deo dignum! Vir fortis cum mala fortuna compositus*,[33] añade a continuación: UTIQUE SI ET PROVOCAVIT.[34]

Cuando los feroces carceleros de Luis XVI, preso en el Templo, le negaron una navaja de afeitar, el fiel servidor que nos ha transmitido la interesante historia de tan larga y horrible cautividad, le dijo: «Sire, presentaos a la convención nacional con esta larga barba, para que el pueblo vea cómo sois tratado».

El rey respondió: NO DEBO TRATAR DE INTERESAR A NADIE POR MI SUERTE.[35]

---

[33] *¡Ved al gran hombre enfrentado al infortunio! Esos dos* luchadores *son dignos de atraer las miradas de Dios* (Sén., *De Provid.*, II).

[34] *Al menos si el gran hombre ha provocado el combate* (*Ibid.*).

[35] Véase el relato de M. Cléri. Londres, Baylis, 1793; in-8.º, pág. 175.

¿Qué sucedía en aquel corazón tan puro, tan sumiso, tan preparado? El augusto mártir parece temer escapar al sacrificio, o hacer a la víctima menos perfecta: ¡qué aceptación!, ¡y qué gloria no habrá merecido!

Sobre este punto, se podría invocar la experiencia en apoyo de la teoría y de la tradición; pues los cambios más felices que acontecen entre las naciones se compran casi siempre al precio de catástrofes sangrientas de las que la inocencia es víctima. La sangre de Lucrecia expulsó a los tarquinos, y la de Virginia a los decenviros. Cuando dos partidos se enfrentan en una revolución, si se ve caer de un lado a víctimas muy valiosas, se puede asegurar que ese partido terminará por vencer, a pesar de todas las apariencias en contra.

Si se conociera la historia de las familias como se conoce la de las naciones, podríamos deducir de ella múltiples observaciones del mismo género: comprobaríamos, por ejemplo, que las familias más duraderas son las que perdieron una mayor parte de sus miembros en la guerra. Un antiguo habría dicho: «En la tierra, en el infierno, esas víctimas bastan».[36] Hombres más instruidos podrían decir: «El justo que da su vida en sacrificio verá una larga posteridad».[37]

Y la guerra, tema inagotable de reflexión, mostraría también la misma verdad, con otro rostro, pues los anales de todos los pueblos nos muestran con clamor unánime que esa plaga terrible hace siempre estragos con una

---

[36] *Sufficiunt Dis infernis terraeque parenti* (Juven. *Sat.* VIII, 257).

[37] *Qui iniquitatem non fecerit… si posuerit pro peccato animam suma, videbit semen longoevum* (Is. 53, 9, 10).

violencia rigurosamente proporcional a los vicios de las naciones, de manera que, cuando hay *desbordamiento de crímenes*, hay siempre *desbordamiento de sangre. Sine sanguine non fit remissio.*[38]

La redención, como se dijo en *Entretiens*,[39] es una idea universal. Siempre y en todas partes se ha creído que el inocente podía pagar por el culpable (*utique si et provocaverit*); pero el cristianismo ha rectificado esta idea y mil otras que, incluso en su forma negativa, habían dado, por adelantado, un testimonio decisivo. Bajo el imperio de esta ley divina, el justo (que nunca cree serlo) trata sin embargo de acercarse a su modelo por el lado doloroso. Se examina, se purifica, hace esfuerzos que parecen sobrepasar su humanidad, para obtener finalmente la gracia de poder «restituir lo que no ha robado».[40]

Pero el cristianismo, certificando el dogma, no lo explica, al menos públicamente; y vemos que las raíces secretas de esta teoría ocuparon los afanes de los primeros *iniciados* del cristianismo.

Orígenes, sobre todo, debe ser escuchado sobre este tema interesante, que tanto había meditado. Su opinión era conocida: «La sangre derramada en el Calvario no solamente había sido útil a los hombres, sino a los ángeles, a los astros, y a todos los seres creados,[41] lo que no parecerá

---

[38] «Sin efusión de sangre, no hay remisión de los pecados» (Heb. 9, 22).

[39] Alusión a su obra mejor conocida como *Las veladas de San Petersburgo*. (N. de los T.)

[40] *Quoe non rapui tunc exsolvebam* (Sal. 58, 8).

[41] *Sequitur placitum aliud Origenis de morte Christi non hominibus solum utili, sed angelis etiam et sideribus ac rebus creatis quibuscumque* (P. D. Huetii Origen., lib. II, cap. II, quaest. 3, n.º 20. Oríg., *Opp.* vol. IV, pág. 149).

sorprendente a quien recuerde lo que dijo san Pablo: "Que pido a Dios reconciliar todas las cosas por aquel que es el principio de la vida, y el primogénito de entre los muertos, habiendo pacificado por la sangre que derramó sobre la cruz, tanto lo que está en la tierra como lo que está en el cielo"».[42] Y si todas las criaturas *gimen*,[43] según la profunda doctrina del Apóstol, ¿por qué no debían ser *consoladas* todas? El gran santo y adversario de Orígenes testifica que, al comienzo del siglo V de la Iglesia, era todavía una opinión comúnmente aceptada *que la redención pertenecía al cielo tanto como a la tierra*,[44] y san Crisóstomo no dudaba de que el mismo sacrificio, continuado hasta el final de los tiempos, y celebrado todos los días por los ministros legítimos, operaba igualmente *para todo el universo*.[45]

Es en esta amplísima perspectiva como Orígenes consideraba el efecto del gran sacrificio. «Pero que esta teoría

[42] Col. 1, 20. Ef. 1, 10. Paley, en sus *Horae Paulinae* (Londres, 1790, in-8.º, pág. 212), observa que esos dos textos son muy notables, visto que esa reunión de las cosas divinas y las humanas es un sentimiento muy singular y no se encontrará en otra parte más que en esas dos epístolas: *A very singular sentiment and found no where else but in these two epistles*. Si las palabras *en otra parte* se refieren a las epístolas canónicas, la afirmación no es exacta, *puesto que ese sentimiento muy singular* se encuentra expresamente en la carta a los Hebreos, 9, 23. Si las palabras tienen un sentido general, vemos que Paley se ha equivocado todavía más.

[43] Rom. 8, 22.

[44] *Crux Salvatoris non solum ea quae in terra, sed etiam ea quae in coelis erant pacasse* PERHIBENTUR (D. Hieron. Epist. LIX, ad Avitum, cap. I, v. 22).

[45] Sacrificamos por el bien de la tierra, del mar y de todo el universo (san Crisóst. *Hom. LXX in Joh.*). Y en san Francisco de Sales, habiendo dicho «que Jesucristo había sufrido principalmente por los hombres, *y en parte por los ángeles*», vemos (sin examinar con precisión lo que ha querido decir) que no limitaba el efecto de la redención a los límites de nuestro planeta (Véanse las *Lettres de Saint François de Sales*, lib. V, págs. 38, 59).

—dice— se deba a misterios celestiales, es lo que el Apóstol expresa cuando dice: "Era necesario que lo que no era sino figura de las cosas celestiales, fuera purificado por la sangre de los animales; pero las cosas celestiales mismas deben serlo por víctimas más excelentes".[46] Contemplad la expiación *de todo el mundo*, es decir, de las regiones celestiales, terrenales e inferiores, ¡y ved cuántas víctimas necesitaban!… Pero sólo *el Cordero* pudo quitar los pecados de todo el mundo, etc.».[47]

Por lo demás, aunque Orígenes haya sido un *gran autor*, un *gran hombre, y uno de los teólogos más sublimes*[48] que jamás ilustraran a la Iglesia, no pretendo sin embargo defender cada línea de sus escritos; me basta cantar con la Iglesia romana:

Y la tierra y el mar, y hasta los astros,
Todos los seres, en fin, fueron lavados por su sangre.[49]

Por lo que no puedo dejar de asombrarme de los escrúpulos extraños de algunos teólogos que rechazan la hipótesis de la pluralidad de los mundos, por miedo a que haga tambalear el dogma de la redención;[50] es decir,

---

[46] Heb. 9, 23.
[47] Oríg., *Hom. XXIX, in Num.*
[48] Bossuet, *Préf. sur l'explication de l'Apoc.*, num. XXVII, XXIX.
[49] *Terra, pontus, astra, mundus,*
Hoc lavantur sanguine (flumine).
(*Himno del Viernes Santo*)
[50] Se encontrará un ejemplo notable en las notas con las que el ilustre cardenal Gerdil se creyó en la obligación de honrar el último poema de su colega, el cardenal de Bernis.

que, según ellos, debemos creer que el hombre, viajando por el espacio sobre su triste planeta, miserablemente *turbado* entre Marte y Venus,[51] es el único ser inteligente del sistema, y que los demás planetas no son sino globos *sin vida y sin belleza*,[52] que el Creador ha lanzado al espacio para divertirse, al parecer, como un jugador de bolos. ¡No, jamás se ha presentado a la mente humana un pensamiento más mezquino! Demócrito decía antaño en una conversación célebre: «¡Oh mi querido amigo! guardaos de empequeñecer de modo tan bajo en vuestro espíritu a la naturaleza, que es tan grande».[53] No tendríamos excusa si no aprovecháramos esta opinión, nosotros que vivimos en el seno de la luz, y que podemos contemplar en su claridad a la suprema inteligencia, y no sólo ese vano fantasma de la *naturaleza*. No empequeñezcamos miserablemente al Ser infinito poniendo límites ridículos a su poder y a su amor. ¿Hay algo más cierto que esta proposición: *todo fue hecho* por y para *la inteligencia*? ¿Puede un sistema planetario ser otra cosa que un sistema de inteligencias, y puede cada planeta en particular ser otra cosa que la estancia de una de esas familias? ¿Qué hay, pues, de común entre la materia y Dios? «¿Lo conoce el polvo?»[54] Si los habitantes de otros

---

[51] *Nam Venerem Martemque inter natura locavit,*
    Et nimium, ah! Miseros, spatiiis conclusit iniquis.
    (Boscowitch, *De Sol. et lun. defect,* lib. I)
[52] *Inanes et vacuae* (Gén. I, 2).
[53] Μηδαμῶς ὦ εταιρε κατασμικρολογεὶ πλεσὶην τὴν φυσιν εοῦσαη (Véase la carta de Hipócrates a Damageto; Hip., *Opp.* vol. II, págs. 918-919. (No se trata aquí de la autenticidad de esas cartas).
[54] *Numquid confitebitur tibi pulvis?* (Sal. 29, 10).

planetas no son culpables como nosotros, no necesitan el mismo remedio; y si, por el contrario, el mismo remedio les fuere necesario, ¿tienen miedo esos teólogos de los que hablaba hace un momento de que la virtud del sacrificio que nos ha salvado pueda elevarse hasta la Luna? La mirada de Orígenes es mucho más penetrante y *comprensiva* cuando dice: «El altar estaba en Jerusalén, pero la sangre de la víctima bañó el universo».[55]

Sin embargo, no se cree autorizado a hacer público todo lo que sabía sobre ese punto: «Para hablar —dice— de esta víctima de la ley de la gracia que fue Jesucristo, y para hacer comprender una verdad que sobrepasa a la inteligencia humana, se necesitaría nada menos que un hombre *perfecto*, ejercitado en juzgar el bien y el mal, y que tuviera derecho a decir por un movimiento puro de la verdad: predicamos la sabiduría A LOS PERFECTOS.[56] Aquél del que san Juan dijo: "Éste es el cordero de Dios que quita los pecados del mundo…" ha servido de expiación, según ciertas leyes misteriosas del universo. Él quiso someterse a la muerte en virtud de su amor a los hombres, y rescatarnos un día por su sangre de las manos de aquél que nos había seducido y al que estábamos *vendidos por el pecado*».[57]

De esta redención general, realizada por el gran sacrificio, Orígenes pasa a esas redenciones particulares que se podrían llamar *disminuidas*, pero que obedecen siempre al mismo principio. «Otras víctimas —dice— se

[55] Oríg., *Hom.* I, in Levit. n.º 5.
[56] 1 Cor. 2, 6.
[57] Rom. 7, 14. Oríg., *Opp.*, vol. IV. *Coment. in Evang. Joh.*, vol. VI, caps. XXXII, XXXVI, págs. 151, 153.

parecen a aquélla... me refiero a los generosos mártires que también han dado su sangre: «¿pero dónde está el sabio que comprenda estas maravillas, y quién tiene inteligencia para penetrarlas?»[58] Se necesitan investigaciones profundas para formarse una idea, incluso muy imperfecta, de la ley en virtud de la cual esa clase de víctimas purifica a aquéllos por los que son ofrecidas...[59] Podría atribuir un vano y cruel simulacro al Ser al que se ofrecen para la salvación de los hombres; pero un espíritu elevado y vigoroso sabe rechazar las objeciones que se levantan contra la Providencia, *sin revelar, no obstante, los secretos últimos:*[60] pues los juicios de Dios son insondables, es muy difícil explicarlos y muchas almas débiles han encontrado ahí una ocasión de caída: pero sucede constantemente entre todos los pueblos que gran número de hombres se entregan voluntariamente a la muerte para la salvación común, en el caso, por ejemplo, de epidemias de peste,[61] y la eficacia de esos actos de abnegación ha sido reconocida sobre la fe misma de las Escrituras

[58] Os. 14, 10.
[59] «Los mártires administran la remisión de los pecados; su martirio, a ejemplo del de Jesucristo, es un bautismo en el que se expían los pecados de varios; y nosotros podemos, de algún modo, ser rescatados por la sangre preciosa de los mártires, como por la sangre preciosa de Jesucristo» (Bossuet, *Médit. pour le temps du jubilé, cinquième point*; según el mismo Orígenes en la *Exhortación al martirio*).
[60] Ὡς ἀπο ῥρητοτέρων ὄντων καὶ ὑπερ αντρωπίνην φύσιν (*Ibid.*).
[61] Si se recorre la escala del espíritu humano, desde Orígenes hasta La Fontaine, se verá hasta qué punto esas ideas son naturales al hombre.
La historia nos enseña que en tales accidentes
Se realizan semejantes actos de abnegación.
(*Animales enfermos de peste*)

por ese fiel Clemente del que san Pablo da un testimonio tan hermoso (*Flp.* 4, 3); preciso es que aquél que tuviere tentación de blasfemar de los misterios que superan el alcance ordinario de la mente humana, se decida a reconocer en los mártires algo de *diferentemente semejante...*».

«El que mata... a un animal venenoso... merece sin duda el reconocimiento de todos aquéllos a los que ese animal habría podido perjudicar si no se le hubiera dado muerte...; creemos que sucede algo semejante con la muerte de los santísimos mártires..., que destruye potencias maléficas..., y que procura a un gran número de hombres un auxilio maravilloso, en virtud de una cierta fuerza que no puede ser nombrada».[62]

Las dos redenciones no difieren, pues, en naturaleza, sino solamente en excelencia y en resultados, según el mérito y el poder de los agentes. Recordaré, a este respecto, lo que se dijo en *Entretiens* respecto de la inteligencia divina y la inteligencia humana. Éstas no pueden diferir más que como figuras semejantes que son siempre tales, sean cuales fueren sus diferencias en cuanto a dimensión.

Contemplemos para concluir la más bella de las analogías. El hombre culpable no podía ser absuelto más que por la sangre de las víctimas: siendo, pues, esa sangre el vínculo de la reconciliación, el error antiguo había imaginado que *los dioses* acudían a todas partes donde se derramara sangre sobre los altares;[63] lo que nuestros

---

[62] Oríg., *ubi sup.*

[63] Porfirio, *De abst.*, lib. II, en la *Dém. évang.* de Leland, vol. I, cap. V, § 7 (S. Agustín, *De civ. Dei*, X, 11. Oríg., *Adv. Cels.*, lib. III).

primeros doctores no negaron, creyendo, por su parte, «que los ángeles acudían a todas partes donde se derramaba la verdadera sangre de la verdadera víctima».[64]

Por un encadenamiento de ideas semejantes sobre la naturaleza y la eficacia de los sacrificios, los antiguos veían también algo misterioso *en la comunión del cuerpo y la sangre de las víctimas*. Ésta significaba, según ellos, el complemento del sacrificio, y el de la unidad religiosa; de modo que, durante mucho tiempo, los cristianos se negaron a probar las carnes inmoladas, *por miedo a comulgar*.[65]

Pero aquella idea universal de la *comunión por la sangre*, aunque viciada en su aplicación, era sin embargo justa y profética en su raíz, como lo era también aquélla de la que derivaba.

Entró en los incomprensibles designios del amor todopoderoso perpetuar hasta el fin del mundo, y por medios que están muy por encima de nuestra pobre inteligencia, ese mismo sacrificio, ofrecido materialmente una sola vez por la salvación del género humano. Puesto que *la carne* había separado al hombre del cielo, Dios se había revestido de carne para unirse al hombre mediante aquello que le había separado de él: pero era

---

[64] Crisóst., *Hom. III, in Ep. ad Ephes., orat. de Nat. Chr.; Hom. III, de Incomp. Nat. Dei. —Perpét. de la foi*, etc., in-4.º vol. I, lib. II, cap. VII, n.º 1. Todos esos doctores han hablado de la *realidad* del sacrificio, pero ninguno de ellos más *realmente* que san Agustín cuando dice que «el judío, convertido al cristianismo, bebía la misma sangre que había derramado (sobre el Calvario)», S. Agustín, *Serm. LXXVII*.

[65] *Pues todos los que participan de una misma víctima son un mismo cuerpo* (1 Cor. 10, 17).

todavía muy poco para la inmensa bondad que se enfrentaba a una inmensa degradación. Esa carne divinizada y perpetuamente inmolada se presenta al hombre bajo la forma exterior de su alimento privilegiado; «y quien se niegue a comerla no vivirá.»[66] Como la palabra, que en el orden material no es más que una serie de ondulaciones circulares excitadas en el aire, semejantes en todos los planos imaginables a las que percibimos en la superficie del agua golpeada en un punto, como esa palabra, digo, llega sin embargo en toda su misteriosa integridad a todo oído afectado por la agitación de ese fluido, de igual modo la esencia corporal[67] de lo que se denomina *palabra*, irradiando desde el centro de la Omnipotencia, que está en todas partes, entra toda entera en cada boca y se multiplica al infinito sin dividirse. Más rápida que el relámpago, más activa que el rayo, la sangre *teándrica* penetra las *entrañas culpables* para consumir sus impurezas.[68] Llega hasta los confines ignotos de esas dos potencias irreconciliablemente unidas,[69] donde *los impulsos del corazón*[70] chocan con la inteligencia y la turban. Por una verdadera afinidad divina, se apodera de los elementos del hombre, y los transforma sin destruirlos. «Sin duda, tenemos derecho a asombrarnos de que el hombre pueda elevarse hasta Dios: ¡pero he aquí otro

---

[66] Job 6, 54.

[67] Σῶμα αγιον τì (Oríg., *Adv. Cels.*, lib. VIII, n.º 33, citado en *Perpét. de la foi*, in-4.º vol. II, lib. VII, cap. I).

[68] *Adhaereat visceribus meis... ut in me non remaneat scelerum macula* (Liturgia de la misa).

[69] *Usque ad divisionem animae et spiritus* (Heb. 4, 12).

[70] *Intenciones cordis (Ibid.).*

prodigio! Es Dios quien desciende hasta el hombre. No es eso todo: para pertenecer mejor a su criatura querida, *entra en el hombre*, y el justo se convierte en un templo habitado por la divinidad».[71] Es una maravilla inconcebible, sin duda, pero al mismo tiempo infinitamente plausible, que satisface a la razón aplastándola. No hay en todo el mundo espiritual una analogía más magnífica, una proporción más sorprendente de intenciones y medios, de efecto y causa, de mal y remedio. No hay nada que demuestre de una manera más digna de Dios lo que el género humano ha confesado siempre, incluso antes de que se le hubiese enseñado: su degradación radical, la reversibilidad de los méritos de la inocencia que redime al culpable, y LA SALVACIÓN POR LA SANGRE.

---

[71] *Miraris homines ad Deos ire! Deus ad homines venit; imo (quod proprius est)* IN HOMINES VENIT (SÉN., EPIST. LXXIV). *In unoquoque virorum bonorum* (QUI DEUS INCERTUM EST) *habitat Deus* (ID., EPIST. XLI).
¡Bello movimiento del instinto humano, que buscaba lo que la fe posee! INTUS CHRISTUS INEST ET INOBSERVABILE NUMEN.

(VIDA, Hymn. in Euchar.).

QUI DEUS CERTUM EST.